传统文化经典读本

成语

王彤伟◎主编

四川辞书出版社

图书在版编目（CIP）数据

传统文化经典读本·成语 / 王彤伟主编 . —成都：四川辞书出版社，2018.1

ISBN 978-7-5579-0245-2

Ⅰ.①传… Ⅱ.①王… Ⅲ.①中华文化－普及读物②汉语－成语－普及读物 Ⅳ.①K203－49②H136.31－49

中国版本图书馆 CIP 数据核字（2017）第 275979 号

传统文化经典读本·成语

CHUANTONG WENHUA JINGDIAN DUBEN • CHENGYU

王彤伟　主编

责任编辑　李小平
版式设计　王　跃
责任印制　肖　鹏
封面设计　袁　飞
出版发行　四川辞书出版社
地　　址　成都市槐树街 2 号
邮政编码　610031
印　　刷　成都翔川印务有限责任公司
制　　作　四川胜翔数码印务设计有限公司
开　　本　880 mm×1230 mm　1/32
版　　次　2018 年 1 月第 1 版
印　　次　2018 年 1 月第 1 次印刷
印　　张　8
书　　号　ISBN 978-7-5579-0245-2
定　　价　35.00 元

· 发行部电话：(028)87734281　87734332

前言

通常我们认为成语是一种长期习用、结构定型、意义完整的固定词组，其实我们更应该认识到，成语还是一种特殊的文化词语。成语的来源十分广泛：既有神话传说，又有历史故事；既有诗词文句，又有口头俗语。可以说，成语从一个侧面反映了中华文明的源远流长和博大精深。因此，多了解成语，无疑会增进我们对传统文化的理解，提升自身的人文修养。同时，成语作为高度浓缩的语言精华，其形式简单、内涵丰富，如果使用得当，可以收到简明、有力、生动、典雅等良好的表达效果。因此，多了解成语，对提升我们的语言能力和写作能力也会大有帮助。

与同类书相比，本书的特点主要在于：

一、条目的选定有针对性。在撰写之前，我们对中小学教材中的成语进行了广泛的调查，并在此基础上进行筛选。另外，我们又增加了一些趣味性强而又常用的成语，因此本书尤其适合中小学生及其以上相关人士阅读。

二、以严谨的学术态度进行撰写。对选定的每条成语，力求做到出处要核查、故事要完整、讲解要平实、例句不生造。在确定出处时，首先广泛参考大型辞书，然后核对原文，言必有据，不做无稽之谈。注释和故事，以直译为主，保证成语的原貌，忠实可信，不以讹传讹。例句的选用，尽量从名家名作中寻找（其中“北京大学汉语语言学研究中心语料库”对此帮助极大，特此致谢）。

总之，本书可作为一般的成语故事阅读，更可作为一本可信的成语词典使用，希望大家能够从中受益。

编　者

词目音序索引

爱屋及乌 ài wū jí wū

解释 乌：乌鸦。比喻爱一个人同时也爱与这个人有关的一切东西。

出处 《尚书大传·周传·大战》：“爱人者，兼其屋上之乌。”

例句 明星广告的效应之一，就是让粉丝们爱屋及乌地喜欢上其所代言的产品。

殷商的最后一个君王商纣王穷奢极欲、残暴无道。周武王姬发出兵讨伐他。两个月后军队开进到了商都郊外的牧野。商纣王听说武王来了，就发兵七十万抗拒武王。武王派姜尚和少数勇士先冲入敌阵挑战，再用大部队进行攻击。纣王的军队虽然人数众多，但都无心作战，只希望武王赶快进入都城。这些士兵倒转兵器，为武王开路。纣王众叛亲离，大败而逃。纣王逃回城中，登上自己以前为了享乐而修建的鹿台，用美玉镶制的衣服包裹全身，然后跳到火中自杀了。

商纣王死了以后，对于怎样处置商朝遗留下来的权臣贵族，武王尚未考虑成熟，内心很不安。于是他召见姜太公，询问处理办法。姜太公回答道：“我听说，喜欢一个人，就会同时喜欢他房上的乌鸦；不喜欢一个人，连他房子的墙壁也会不喜欢。”言下之意说纣王罪恶滔天，现在应该连他的部下一同治罪。但武王认为不合适。武王又和召公商量，召公说：“有罪的人就杀掉，没罪的人就让他活着，怎么样？”武王还是觉得不行。再和周公商量，周公说：“让每个人都能安居在自己家里，都能耕种自己的田地，不要改变旧有的一切。只要是仁人都去亲近，老百姓如果有过失就都归罪于您自己，怎么样？”武王高兴地说：“如果有这样的心胸气度，天下就可以平定了。”

安步当车 ān bù dàng chē

解释 缓缓步行，当作坐车。

出处 《战国策·齐策四》：“晚食以当肉，安步以当车，无罪以当贵，清静贞正以自虞。”

例句 他每天上班和下班都是安步当车。

战国时，齐宣王召见颜斶（chù），说：“颜斶，到我跟前来!”不料颜斶对齐王也说：“大王，到我跟前来!”齐宣王很不高兴。颜斶说：“我走上前去是贪慕权势，大王走到我跟前来是亲近贤士。”齐宣王更不高兴，说：“是君王尊贵呢，还是士人尊贵?”颜斶说：“士人尊贵。从前秦国攻打齐国时，秦王下令：‘有敢到柳下惠坟墓五十步之内砍柴的人，处死不赦。’又下令说：‘有能取得齐王首级的，封给万户侯，赏给黄金二万两。’由此看来，活着的国君的头，还不如死了的士人的坟墓。”齐宣王默不作声，低头思考。

一番争论后，齐宣王说：“颜斶您说得对，士人不能够侮辱，我是自取其辱罢了。如今听了您的话，才明白什么是小人的行为，希望您接受我为弟子。再说您以后和我交往，吃的是牛羊猪三牲，外出一定会乘坐车辆，您的妻子儿女都能穿华丽的衣服。”颜斶见齐宣王还是自以为是，内心并没有真的尊敬士人，就说：“我看还是让我返回故乡，每天晚一点吃饭，就像吃肉那样香，缓步徐行，就权当坐车，没有什么罪过，就权当富贵，清静正直地生活以自寻其乐吧。”然后告辞离开了。

安居乐业 ān jū lè yè

解释 安定地生活，愉快地从事其职业。

出处 《汉书·货殖传》：“故其父兄之教不肃而成，子弟之学不劳而能，各安其居而乐其业，甘其食而美其服，虽见奇丽纷华，非其所习，辟犹戎翟之与于越，不相入矣。”

例句 用我们辛勤的双手建设好这片土地，世世代代安居乐业。

班固在《汉书·货殖传》中谈到，古代的士、农、工、商四种职业者，是不允许杂居的。士人在学习读书的地方相互讨论仁义，工匠在官府里相互讨论技巧，商人在市场上相互议论财利，农民在田野中相互议论农事。他们从早到晚从事一种职业，不会见异思迁。所以，他们的父兄即使教导不严，也能教育好子弟，他们的子弟即使不用下大力气也能学会本领。他们各自安定地生活、愉快地从事自己的职业，虽然见到奇异的、华丽的物品，却因为不适于他们的习俗，也不会接受，这就好像西北地区戎族、狄族和东南吴越在风俗习惯上不能融合一样。在这种情况下，人们欲望少而事情简单，财物充足而没有争夺。于是统治者再用道德来引导他们，用礼制来统一他们，老百姓们就知道了廉耻，懂得了礼貌，重视仁义而轻视财利。这就是夏、商、周三代之所以能沿着正确的道路发展，不需要采用严酷的政治而能治理国家的大致原因。

安贫乐道 ān pín lè dào

解释 安于清贫，以追求圣贤之道为乐。是古代儒家所提倡的立身处世的态度。

出处 《论语·雍也》：“贤哉，回也！一箪食，一瓢饮，在陋巷。人不堪其忧，回也不改其乐。”何晏集解引孔安国曰：“颜渊乐道，虽箪食在陋巷，不改其所乐。”

例句 劝人安贫乐道是古代治国平天下的大经络，开过的方子也很多，但都没有十全大补的功效。

颜回，字子渊，所以也常叫颜渊，春秋末期鲁国人，是孔子最喜欢的学生。颜回十三岁入孔门时，孔子聚徒讲学已十三年，孔门弟子子路等人已小有名气。颜回在弟子中年龄小，性格内向，沉默寡言，才智较少外露，有人便觉得他有些愚。孔子经过一段时间的考察发现，颜回根本不愚，而是天资聪颖。所以孔子说：“回也不愚。”能言善辩的子贡也说：“颜回闻一知十，我却只能闻一知二，我不如颜回。”

颜回既聪敏过人，又虚心好学，所以他深刻地认识到了孔子学说的精深博大，他与孔子的感情也超过了其他弟子。孔子对他给予独特的信任和爱护，颜渊死后，孔子痛哭失声，哀叹着说：“唉！这是老天要灭我，老天要灭我啊！”而颜渊生前也一直对老师表现出无比的理解、尊敬和爱戴。当年少正卯和孔子争夺弟子时，“孔子之门三盈三虚”，只有颜渊从未离开孔门半步，所以后人说：“颜渊独知孔子圣也。”

春秋末期的鲁国，由于内乱不断，旧日的贵族世家大都衰落。颜氏本属鲁国贵族，但到了颜路、颜回父子时，只有贵族的空头衔，其家产甚至难以维持生计，所以只能节衣缩食、身居陋巷。但在这种艰苦的条件下，颜回仍然安于清贫，以追求圣贤之道为乐，孔子称赞他说：“颜回真是圣贤啊！一竹筒饭，一瓜瓢水，身居陋巷。别人简直忍受不了这种煎熬，颜回他却能不改变自己的追求。”

暗度陈仓 àn dù chén cāng

解释 陈仓：古地名，在今陕西省宝鸡市东，是通向汉中的交通要道。比喻用假象迷惑敌人，而从侧翼进行突然袭击。亦比喻暗中进行活动。

出处 《史记·高祖本纪》："正月，项羽自立为西楚霸王，王梁楚地九郡，都彭城。负约，更立沛公为汉王，王巴、蜀、汉中，都南郑。……汉王之国，项王使卒三万人从，楚与诸侯之慕从者数万人，从杜南入蚀中。去辄烧绝栈道，以备诸侯盗兵袭之，亦示项羽无东意。……八月，汉王用韩信之计，从故道还，袭雍王章邯。邯迎击汉陈仓，雍兵败，还走；止战好畤，又复败，走废丘。"

例句 广大散户股民还在拼命买入的时候，庄家们早已暗度陈仓，撤出了自己的资金。

汉王二年（公元前205年）正月，项羽自立为西楚霸王，统治梁、楚之地的九个郡，以彭城为都城。他背叛了以前订立的盟约，重新立沛公刘邦为汉王，统治巴、蜀和汉中，以南郑为都城。……四月，各路诸侯解散军队，各自回归封国。汉王刘邦前往自己的封国，项羽派三万士卒跟随他，楚国以及诸侯军队中仰慕汉王而自愿跟从他的有几万人。汉王带领军队从杜南之地进入蚀中，他们过去后就焚烧了栈道，以防备诸侯的军队来袭击，同时向项羽表示自己没有向东进军的意图。……八月，汉王采用韩信的计策，从另外一条路返回关中，袭击雍王章邯。章邯在陈仓迎击汉军，雍王的士兵战败，退兵逃走；雍王的败兵在好畤停止败逃，并和汉军交战，又一次失败，逃到了废丘。汉王于是平定了雍地。汉王向东进军到达了咸阳，率领军队把雍王围困在废丘，同时派遣各位将领平定了陇西、北地和上郡。

八仙过海 bā xiān guò hǎi

解释 相传八仙过海时不用舟船，各有一套法术。后用以比喻各自拿出本领或办法，互相竞赛。

出处 明·无名氏《八仙过海》第二折："则俺这八仙过海神通大，方显这众圣归山道法强，端的万古名扬。"

明代吴元泰《东游记》第四十八回讲道，八仙参加完蟠桃大会后，来到东海边上，停云观望。只见潮头汹涌，巨浪惊人。吕洞宾说："今天我们每人用一件物体投在海面，踏着渡海，各显自己的神通怎么样?"大家都说好。于是，铁拐李就把自己的铁拐扔到海面，立在拐上，乘风逐浪地渡了起来。汉钟离把拂尘投在水里，张果老把纸驴投在水中，吕洞宾把箫管投在水中，而韩湘子用花篮，何仙姑用竹罩投水而渡。蓝采和把拍板投到水中，曹国舅把玉版投到水中而渡。八仙各自用自己的手段渡海，展示了各人的神通。不料东海龙王太子看上了蓝采和的拍板，强行夺去，以致惹起了八仙和龙宫的一场大战。

拔苗助长 bá miáo zhù zhǎng

解释 把禾苗拔高，帮助它生长。比喻强求速成，有害无益。

出处 《孟子·公孙丑上》：“宋人有闵其苗之不长而揠之者，芒芒然归，谓其人曰：‘今日病矣！予助苗长矣！’其子趋而往视之，苗则槁矣！”

例句 希望家长不要违背孩子生长发育的规律，去干拔苗助长的蠢事。

孟子在同公孙丑讨论言辞和感情之间的关系时，说自己既善于分析别人的言辞，又善于培养自己的浩然之气。公孙丑问：“什么叫做浩然之气呢？”孟子说：“这难以用一两句话说清楚。这种气，最伟大、最刚强，用正当的方法去培养它而不加损伤，它就会充满天地之间。这种气，必须与正义和道义相配合；假如不这样，就衰败了。它是集中正义而产生的，而非偶然的正义行为所能得到的。假如问心有愧，也就衰败了。所以我说，告子不懂得义，因为他把义看成心外之物。施行仁义一定会有福，但是不能只是因为求福而去施行仁义；心里不能忘了道义，但也不能忽视规律而助其生长，不能像宋国人那样。宋国有个人，担心禾苗不长而去把它拔高，然后十分疲倦地回到家。对家人说：‘今天真累，我帮助禾苗长高了。’他的儿子赶快跑去一看，禾苗已经枯萎了。其实，天下之人都有拔苗助长的心态。认为没有好处而不施仁义者，就像不耕耘田地的人；违背规律而强施仁义者，就像拔苗助长的人，不但没有好处，反倒有害处。”

白驹过隙 bái jū guò xì

解释 白色的骏马飞快地从狭小的缝隙前越过。形容时间过得极快。

出处 《庄子·知北游》："人生天地之间，若白驹之过隙，忽然而已。"

例句 白驹过隙，转眼我们已经到了毕业的时候。

庄子在《知北游》中虚构了孔子和老子的一段谈话，表达了他对"道"的看法。其中讲道，有一天孔子对老子说："我今天冒昧地向你请教什么叫'至道'。"老子给他讲了很多，其中有一部分说："人生于天地之间，就像骏马飞快地从狭小的缝隙前越过，只是瞬间的事情。人生的规律，就是自然而然地全都蓬勃而生，自然而然地全都顺应变化而死。变化着生长，再变化而死亡。人从没有形体变为具有形体，再从具有形体而变为消失形体，这是人所共知的东西，绝不是体悟大道的人所追求的道理，也不是人们所共同谈论的话题。体悟大道的人就不会去议论，议论的人就没有真正体悟大道。兴师动众地寻找大道反倒不会真正对大道有所体悟，巧舌善辩不如闭口不言。道不可能通过传言听到，希望听到传言还不如塞耳不听，做到了这些，才算真正懂得了玄妙的大道。"

白云苍狗 bái yún cāng gǒu

解释 苍：灰黑色。天上的白云顷刻间变成乌云，像黑狗。比喻世事变化无常。

出处 唐·杜甫《可叹》："天上浮云如白衣，斯须改变如苍狗。"

例句 世事无常，如白云苍狗，又有谁能想到，这一局残棋犹在，他人却已经不在了。

王季友和杜甫是同时代的人，季友的妻子柳氏嫌丈夫穷困，于是弃他而去，但世人反说王季友有了外遇。杜甫为王季友鸣不平，同时为王季友和自己的怀才不遇鸣不平，而写了一首古体诗，即《可叹》。全诗如下："天上浮云如白衣，斯须改变如苍狗。古往今来共一时，人生万事无不有。近者抉眼去其夫，河东女儿身姓柳。丈夫正色动引经，酆城客子王季友。群书万卷常暗诵，孝经一通看在手。贫穷老瘦家卖屐，好事就之为携酒。豫章太守高帝孙，引为宾客敬颇久。闻道三年未曾语，小心恐惧闭其口。太守得之更不疑，人生反复看亦丑。明月无瑕岂容易，紫气郁郁犹冲斗。时危可仗真豪俊，二人得置君侧否。太守顷者领山南，邦人思之比父母。王生早曾拜颜色，高山之外皆培塿。用为羲和天为成，用平水土地为厚。王也论道阻江湖，李也丞疑旷前后。死为星辰终不灭，致君尧舜焉肯朽。吾辈碌碌饱饭行，风后力牧长回首。"诗作一开头即说："天上的浮云刚刚看着像白衣衫，片刻之间又变得像青狗。"讽刺了好坏不分、颠倒黑白的社会。

百发百中 bǎi fā bǎi zhòng

解释 发：发射。形容射术高明，箭无虚发。也比喻料事如神，判断准确。

出处 《战国策·西周策》：“楚有养由基者，善射，去柳叶百步而射之，百发百中。”

例句 他进入国家射击队还不到两年，就练就了一手百发百中的好枪法。

秦国名将白起连续打败了韩国、赵国，引起了诸侯和周王的恐慌。眼见白起又打算攻打魏国的都城大梁，而大梁一旦被秦占领，附近的周王室就有危险，于是苏厉就对周王说：“白起现在如果攻打大梁，大梁一定不能保全，如果大梁被攻破，周王朝也就危险了，您应该阻止他。”周王认为他说得有理，就派他前去游说白起。

苏厉见到白起，对他说：“楚国有个人叫养由基，擅长射箭，在百步开外射柳叶，能够百发百中，大家都认为他箭术高超。有一个过路的人说：‘射得不错，但是我还可以教给你有关射箭的知识。’养由基说：‘大家都说射得好，你却说还可以教我，你为何不也来射两箭试试？’过路客说：‘我不能教给你左手举弓右手开弓的具体技巧，但是我可以告诉你，即使能百发百中地射中柳叶，但如果不善于在适当的时候停下来歇息，过一阵力气疲倦，弓身不正，箭头卷曲，若一箭射出而不中，前面的功劳就全都白费了！’现在您打败了韩、赵，杀死了他们的大将，夺取了许多城池，您的功劳已很多。现在您又率领秦兵出塞，经过周王的土地去攻打大梁，如果进攻不胜，以前的战功全都白费了！您还不如称病，待在家里不出来。”

百折不挠 bǎi zhé bù náo

解释 挠：弯曲，引申为屈服。受到无数挫折都不屈服、动摇。形容意志坚强，品节刚毅。

出处 东汉·蔡邕《太尉桥玄碑》：“其性庄，疾华尚朴，有百折不挠，临大节而不可夺之风。”

例句 我们百折不挠，经过艰苦卓绝的努力，终于赶走了侵略者，赢得了国家和民族的独立。

桥玄字公祖，东汉末年梁国睢阳人，出生于官宦世家，从小就表现出与众不同的才能。桥玄长大后，看问题高明独特，是大家公认的雄杰之士。他性情刚直，疾恶如仇，曾揭发陈国国相羊昌的恶行，处死了贪赃枉法的上令皇甫祯。他还上书汉灵帝，弹劾太中大夫盖升搜刮民财。

有一次桥玄的小儿子被一群强盗绑架，强盗们以此为条件进行勒索。守备官员阳球得到消息后立刻派兵救援。官兵虽然将强盗团团围住，却因为害怕强盗伤害桥玄的儿子而不敢有进一步的行动。桥玄知道后非常生气，他说：“强盗们目无法纪。你们怎么可以为了我的儿子而放纵他们呢?”催促官兵们赶快动手。后来强盗被捕获，但桥玄的小儿子也被强盗杀害。

由于桥玄敢于和恶势力对抗，极受当时之人的敬重。大文学家蔡邕为他写碑时，称赞他“有百折不挠、临大节而不可夺”的高尚品格。

bǎi zú zhī chóng sǐ ér bù jiāng

百足之虫，死而不僵

解释 僵：倒下。比喻势力强大的集体或个人一时不易垮台。

出处 三国魏·曹冏《六代论》：“故语曰：‘百足之虫，至死不僵’，扶之者众也。此言虽小，可以譬大。”

例句 须知，敌人在那里盘踞经营很久，虽已被粉碎，而百足之虫，死而不僵，清理的工作还是不能忽视。

曹冏，字符首，三国时代魏国人，与曹操同属一脉，是魏少帝曹芳的族祖。曹芳继承帝位时，年纪尚幼，曹爽把持朝政，飞扬跋扈。曹冏于是作《六代论》以感化曹爽，曹爽不能采纳。后来，司马懿趁曹爽跟随少帝拜谒魏明帝墓时发动政变，关闭城门，然后上疏罗列曹爽的种种罪状，假皇太后令，免掉了曹爽兄弟的全部官职。曹爽手中无兵，归罪请死。司马懿随即将曹爽兄弟及党羽全部处决，将政权掌握在自己手里。

曹冏在《六代论》的末尾说：“大魏兴起距今已经二十四年了，综观了前代的兴衰，却不知从中汲取经验和教训。宗室子弟不能参与国家朝政，这不是安定国家、建立不朽基业的方法。如果源泉枯竭，水流就会干涸；树根腐朽，叶子就会枯萎；枝叶繁茂者能够荫庇树根；枝叶稀疏的树根也会孤独无依。因此俗话说‘腿很多的虫子，死后也不会倒下’，这是因为扶持者众多的缘故。这话虽然浅显，却可以用来比喻大的事理。希望您能够在安定的时候不骄逸，太平的时候有所防备，时刻心存危机意识。这样即使天下有变，也没有倾覆灭亡的祸患。”

班门弄斧 bān mén nòng fǔ

解释 班：鲁班，古代的巧匠。在鲁班门前摆弄斧子。比喻在行家面前卖弄本领，不自量力。

出处 唐·柳宗元《王氏伯仲唱和诗序》：“操斧于班、郢之门，斯强颜耳。”

例句 在探花这样的绝顶高手面前，我们若是拳打脚踢地打了起来，岂非是在班门弄斧，要人家瞧着笑话。

鲁班是春秋末期鲁国人，姓公输名班，常被人称为鲁班。出生于工匠世家，从小就积累了丰富的实践经验。鲁班在机械、土木、手工工艺等方面多有发明，传说他发明了攻城用的云梯，伐木的锯，能飞翔的竹鹞，舟战用的钩距，以及曲尺、墨斗、刨子、凿子、磨、碾、锁等。由于贡献突出和影响巨大，鲁班被后世工匠尊称为祖师。

鲁班的家人也都是能工巧匠。比如，原来鲁班做木工活，用墨斗放线的时候，由他母亲来拉住墨线头，后来他母亲在线头上拴了一个小钩，这样一个人操作就可以了。后世把这种墨线端头的小钩称作“班母”。再如，原来鲁班在刨木料时由他妻子扶住木料，后来他妻子发明了顶住木头的卡口，后来称作“班妻”。据说雨伞也是鲁班的妻子发明的。

《王氏伯仲唱和诗序》是唐代大文学家柳宗元为他的世交王氏的诗集所写的序言。因为是世交，所以称王氏为伯仲，即两人的关系就像兄弟一样。柳宗元在序言中谦虚地说，王氏的诗文写得极好，自己为之作序，就像普通工匠在鲁班或另一位楚国巧匠面前拿着斧头卖弄一样，真是厚着脸皮、不自量力啊！

杯水车薪 bēi shuǐ chē xīn

解释 用一小杯水来救一大车柴产生的火。比喻力量微小，无济于事。

出处 《孟子·告子上》："今之为仁者，犹以一杯水救一车薪之火也。"

例句 普通人现在的工资每个月才一两千，而房子的价格动辄百十万，用工资来买房，简直是杯水车薪。

推行仁爱是儒家的一贯主张。孟子认为"仁"一定能战胜"不仁"，不过在有的情况下，"仁"和"不仁"还有一个力量的强弱对比。所以有时在"不仁"占据强势时，施行仁义的人可能

暂时不能战胜不行仁义的人，但是不能因为这一特殊情况而怀疑"仁"本身。孟子的这一观点记载在《孟子·告子上》中，孟子说："仁胜过不仁犹如水终究胜过火一样。现今行使仁的人好比用一小杯水来救一大车柴产生的火，火灭不了就说水不能胜过火，这又相当厉害地助长了不仁，最终也必定会失去仁。"

闭门思过 bì mén sī guò

解释 关起门来自我反省。

出处 《汉书·韩延寿传》："民有昆弟相与讼田自言，延寿大伤之……是日移病不听事，因入卧传舍，闭阁思过，一县莫知所为。"

例句 有了错误，与其只是闭门思过，不如去听听大家的意见，更容易找到错误的根源。

韩延寿是西汉宣帝时期著名的士大夫，官至左冯翊（官名，是保卫首都长安的三辅之一，其余两个为京兆尹、右扶风）。他任职时以道义、教化为主，深受百姓的爱戴。

韩延寿担任左冯翊一年多后，不肯出去视察所辖的各县。他的副手多次报告说："您应该巡行郡中，观览民俗，考察官吏们的政绩。"韩延寿却说："各县都有贤明的长官，我去视察各县不过是徒增烦扰罢了。"副手们仍然力劝，认为正值春季，可以出去巡查一次以劝勉农桑。韩延寿不得已，出去巡查。到了高陵县，百姓中有一对亲兄弟为了争田地而诉讼，各自向韩延寿诉说、争辩。韩延寿非常悲伤，说："我有幸得到了这个职位，来做一郡的表率，但自己不能宣明教化，致使百姓中骨肉之间相互诉讼，既伤害风俗教化，又使贤明的各级官吏蒙受羞辱，过错在我，应当引咎辞职。"

整整一天，韩延寿都称病不理公事，回去躺在驿站中，关起门来自我反省。全县之人都不知道他在做什么，官吏们都自己把自己绑起来等待惩处。于是这两个兄弟的宗亲相互责备，这两个兄弟也非常后悔，都自己剃掉了头发，袒露出上身前来谢罪，愿意把田地让给对方。韩延寿非常高兴，请这两人进去酒食招待，并勉励他们，以此表彰规劝善于悔过从善的百姓。从此以后，韩延寿所管辖的郡内百姓们无不相互勉励，不敢违法，大家和睦相处，关系融洽。

病入膏肓 bìng rù gāo huāng

解释 膏肓：古代医学术语，心尖脂肪为膏，心脏与膈膜之间为肓。这里被认为是药力达不到的地方。指病情险恶无法医治。后来也用以比喻问题严重，无可挽救。

出处 《左传·成公十年》："公疾病，求医于秦。……医至，曰：'疾不可为也，在肓之上，膏之下，攻之不可，达之不及，药不至焉，不可为也。'"

例句 这人什么坏事都干，已经病入膏肓，不可挽救。

春秋时，晋国的国君晋景公得了病，不久他梦见了一个大鬼，披散的长发拖到了地上，拍着胸膛跳起来说："你杀了我的子孙后代，这是不义。我已经请求天帝，得到了他的许可，可以报仇了。"大鬼弄坏了大门和卧室的门跑了进来。景公害怕了，躲到内室，大鬼又弄坏了内室的门。景公醒来后问巫师，巫师说："这梦大概暗示你会吃不上即将要收的新麦子，很快就要死了。"

景公的病情加重，向秦国求医，秦国国君派了一个医生。医生还没到，景公又梦见两个小孩儿，他们说："那人医术高明，恐怕会伤害我们，我们该逃到哪里？"其中一个说："躲到肓之上、膏之下，他能把我们怎么样？"医生到了以后一看，说："这病救不了了，病灶在肓之上、膏之下，针灸、药力都到不了这地方。"景公赞叹说："真是高明的医生啊！"

六月麦收后，景公想吃新麦，就派甸人（官名）献上了新麦，由御厨烹煮好，随即召来那个巫师，给他看新麦做的饭食，然后把他杀了。将要吃的时候，景公突然感到肚子胀，就去上厕所，结果掉到里面死了。

不逞之徒 bù chěng zhī tú

解释 逞：如愿，满意。本指心怀不满而行为不轨的人。后泛指违法乱纪、为非作歹的人。

出处 《左传·襄公十年》：“初，子驷为田洫，司氏、堵氏、侯氏、子师氏皆丧田焉。故五族聚群不逞之人，因公子之徒以作乱。”

例句 为了维护社会的稳定，我们对于不逞之徒一定要坚决打击。

子驷是春秋时期郑国人，他拥立郑简公，杀死反对派，成为执政大臣。子驷主持国政后，整治田间沟渠和田埂，损害了贵族司氏、堵氏、侯氏、子师氏的土地。于是这些贵族联合起来，又聚集了一群心怀不满的人，发动叛乱。

叛军攻入国都和宫廷，杀死了子驷，以及司马（最高军事长官）子国、司空（最高工程建设长官）子耳，并劫持了国君。子驷的儿子子西听说有叛乱，因为不作准备就去追赶，所以未获成功，只收敛了父亲的尸首。子国的儿子子产听说后，先安排好守门的警卫，再配合各方面的官吏整顿好防守设备，然后才把家兵排成队列，带领十七辆兵车前去征讨。战斗之前，子产先收拾好父亲的尸体，然后率领部队一举攻破叛乱者的巢穴，平定了这场暴乱。

此后，子产凭借自己出色的政治才能，长期担任郑国的执政大臣，为郑国的稳定、发展作出了重要贡献。子产治国得到了百姓的拥护，以至于他死后，郑国的壮年人放声大哭，老年人也像小孩一样痛哭流涕。

不耻下问 bù chǐ xià wèn

解释 向地位、学问不如自己的人虚心请教而不认为有失体面。

出处 《论语·公冶长》："敏而好学，不耻下问，是以谓之文也。"

例句 不耻下问是增长知识最为有效的方法。

孔圉是春秋时期卫国的大夫，他聪明好学，而且非常谦虚。当时，对于国君或社会地位高的人，死后都应根据其一生的贡献、品行等评定出带有褒贬意义的称号，即谥号。孔圉死后得到的谥号为"文"，含有对他一生品行的褒奖之意，后人就尊称他为孔文子。孔子的学生子贡不太了解孔圉的情况，就问孔子："孔文子凭什么得到'文'这一谥号？"孔子回答说："他聪敏灵活，爱好学问，又非常谦虚，不以向地位低于自己的人学习为耻，所以大家用'文'字作为他的谥号。"

其实孔子本人也非常谦虚好学，他十五岁时立志于学问，并为之奋斗一生。同时，孔子善于向任何超过自己的人学习，他认为自己没有固定的老师，即使三个同行的人中，也一定有值得自己学习的人。同时，他讲究有甄别、有选择地学习，应当学习别人超过自己的好的方面，对于他们的缺点，则应当对照着检查自己，如果自身也存在这些缺点就应该赶快改正。

不寒而栗 bù hán ér lì

解释 栗：哆嗦，发抖。不冷而发抖。形容极为恐惧。

出处 《史记·酷吏列传·义纵传》：“是日皆报杀四百余人，其后郡中不寒而栗。”

例句 时间已过去好久，但只要一回想起那个恐怖的场面，他就不寒而栗。

义纵是汉武帝时以严酷著称的官吏。他少年时曾经和人一起抢劫，结伙为强盗，他姐姐凭借医术得到太后的宠幸，义纵也因此成了官吏。他处理政事非常严酷，很少有宽容的时候。在当县令的时候，他依法办事，不回避权贵和皇亲，因为逮捕审讯皇太后的亲戚，受到皇帝的赏识，而提升他为河内都尉。他一到河内就铲除了那里的豪强，以至于河内郡的人们在路上都不捡拾别人遗失的东西。当他升任为南阳太守的时候，南阳的豪门都逃走，那里的官员和百姓也都非常谨慎、害怕。

因为朝廷军队屡次从定襄出发攻打匈奴，定襄的官员和百姓人心散乱，于是朝廷调派义纵担任定襄太守。义纵到任后，将监狱中关押的二百多名重刑犯，以及私自前去探望他们的兄弟、熟人二百多人一起逮捕，在一天之内判定处死了这四百多人。从此以后定襄郡的人们害怕得即使不冷也会打哆嗦，一方面因为义纵如此严酷的治理手段，另一方面因为有奸猾的人在帮助官吏处理政事。

义纵虽然严酷，但是他缺乏远大的眼光，志趣只在琐屑的小事上，所以在他的治理下，奸邪之事最终越发增多，于是皇帝直接特派的官员开始出现。一次，杨可受皇帝委派处理案件，义纵认为这样会扰乱百姓，就部署官吏捉拿替杨可干事的人。皇帝听说后，派杜式去处理这事。杜式认为义纵废弃了尊敬皇帝的礼节，破坏了天子要办的事情，最后将义纵处死示众。

不胫而走 bù jìng ér zǒu

解释 胫：小腿。本义表示没有腿却能跑动。后用来形容事物传播迅速，风行一时。

出处 东汉·孔融《论盛孝章书》："珠玉无胫而自至者，以人好之也，况贤者之有足乎？"

例句 白居易的诗文浅近平易，就连老人和小孩子也都喜欢诵读。因此不胫而走，传遍天下。

盛宪，字孝章，东汉三国时期吴地的名士，和孔融是好朋友。孙权的哥哥孙策平定东吴后，把对自己构成威胁的英雄豪杰一一铲除。盛宪曾任吴郡太守，在当地很有名望，影响力不小，因此孙策对他非常忌惮。孔融作为好友，时时为他担心，生怕他被孙策杀掉。

于是有一天，孔融给曹操写了一封信，大力推荐盛宪，希望曹操招纳他。孔融在信中写道："曹公您致力于匡助和恢复汉室，拯救汉家行将灭绝的宗庙社稷。而拯救汉室的方法，实质在于求得贤士。因为人们的爱好，珠宝玉器即使没有腿脚，都能自己到来。何况贤人自己有腿脚，只要真心求贤，哪能得不到呢？如今海内名士，凋零衰落，只有会稽的盛孝章还活着。但孝章现在被孙策压制束缚，妻儿也不在身边，孤单危险，忧愁困苦时刻伴随着他，假如忧愁能让人损伤的话，他恐怕都活不了多长时间了。假如曹公您能派一位使者，拿着您的征召命令，那么不但可以为自己招来一位贤士，而且可以成全我们的朋友之道。"

曹操采纳了孔融的意见，征召盛宪为骑都尉，但命令尚未到达，盛宪就被孙权杀害了。

不可救药 bù kě jiù yào

解释 救、药：挽救、救治。指病重得无法医治。比喻事态已严重到无法挽救的地步。

出处 《诗经·大雅·板》："多将熇熇，不可救药。"

例句 做学问的人，如果患了穿凿的毛病，就将不可救药。

周厉王姬胡是西周第十位国君，他即位后，昏庸无道，贪财好利，一方面剥夺贵族权力，另一方面加重对劳动人民的剥削，试图将社会财富和资源完全垄断，因此招致了社会各个阶层的不满。针对人们的不满，周厉王又施行高压政策，派人监视民众的言行，谁敢妄加议论，就立即杀死。人民忍无可忍，群起反抗，周王朝的统治越来越不稳固。

面对这种情况，大臣凡伯极力劝谏周厉王改变暴虐的政治，挽救国家。《板》就是凡伯劝谏周厉王的一首长诗，其中一节写道："上天正在逞威肆虐，不要这样盲目快乐。我的内心一片诚恳，小伙子们却骄傲自得。我所说的并非老昏之言，你们却拿来取笑戏谑。你们荼毒生灵，气焰日渐嚣张，真是病重得不能救治。"

可惜周厉王听不进任何意见，依旧我行我素，人民忍无可忍，于公元前 841 年发生暴动。平民和奴隶们拿起武器，冲进王宫，周厉王仓皇逃走。西周从此衰落下去，出现了分崩离析的局面。

不求甚解 bù qiú shèn jiě

解释 解：明白，理解。指读书只求领会要旨，不刻意在字句上花功夫。后指对待学习、工作不认真，不求深入理解。

出处 东晋·陶渊明《五柳先生传》："不慕利，好读书，不求甚解，每有会意，便欣然忘食。"

例句 如果我们在学习上的态度是不求甚解的话，那么学到的知识是有限的。

东晋大文学家陶渊明辞官归隐后，便过起"躬耕自资"的隐士生活。到了晚年，生活困苦窘迫，但他并不后悔自己选择的生活道路，而是以古代的圣贤颜回自比，清高洒脱，怡然自得。《五柳先生传》是他晚年表明自己心志的一篇作品，文章以"五柳先生"自比，说：先生不知道是什么地方人，也不清楚他的姓名字号。因为住宅边有五棵柳树，就以"五柳"作为称呼。他性格闲静，言语不多，不慕名利。喜欢读书，重在把握主旨、要领，而不钻牛角尖，不过分在字句上进行繁琐考证。每有新的领悟，就高兴得忘了吃饭。天性好酒，但因为家境贫穷不能常常得到。亲戚或老朋友知道这种情况，有时就准备了酒请他来喝。他只要一去总是喝光，想着一定要喝醉才行。喝醉退席后，也并不在乎离开还是留宿。家里四壁空空，遮不住风吹和日晒。短短的粗布衣服破破烂烂，补丁重叠；家里常常断粮，但心里安宁恬淡。他常写文章自娱自乐，显示自己的志趣。他完全忘记了得失，并坚守这种原则，直到生命的结束。

bù rù hǔ xué yān dé hǔ zǐ
不入虎穴，焉得虎子

解释 不深入到老虎的巢穴，哪里能得到小虎崽呢？比喻不冒风险不实践，就不能取得大的成功。

出处 《后汉书·班超传》：“不入虎穴，不得虎子。当今之计，独有因夜以火攻虏，使彼不知我多少，必大震怖，可殄尽也。”

例句 对于新设计、新想法要敢于大胆实践，这正是“不入虎穴，焉得虎子”。

汉明帝永平十六年（公元 73 年），班超奉命出使西域。到达鄯善国后，鄯善国国君广刚开始接待的礼节非常恭敬周到，后来忽然变得粗疏怠慢。细心的班超察觉到了这一点，就对他的随行官员说：“你们是否觉得广的礼仪淡薄了呢？这一定是有北方匈奴的使者来了，使得广犹豫不定，不知道该依附哪一方。”接着，班超又叫来接待服侍他的人诈问：“匈奴的使者来了好几天，现在在哪里？”服侍的人惶恐不安，交代了全部实情，班超就把他关起来，然后召集手下的三十六名军官喝酒。喝到痛快处，班超鼓动他们说：“你我现在都身处绝境，只有建立大功才能求得富贵。现在匈奴的使者才来几天，广把对我们恭敬的礼节就废掉了。假如他把我们抓起来送往匈奴，我们的尸骨将被豺狼吃掉。对此怎么办呢？”所有的人都说：“现处在这样危险的境地，我们死活都跟着您。”班超于是说：“不进入老虎的巢穴，就得不到虎崽。现在的办法，只有趁黑夜火攻匈奴使者的驻地，让他们不知道我们的实情，造成他们的慌乱，我们才可以趁机将他们全部消灭。”在班超的带领下，大家依计行事，趁夜放火进攻，杀死三十多人，其余一百多个全部被烧死。鄯善国举国震恐，从此归附了汉朝。

不足挂齿 bù zú guà chǐ

解释 足：值得。挂齿：挂在口上，指说起，提到。形容极其微小，不值得一提。有非常轻视的含义。

出处 《汉书·叔孙通传》："此特群盗鼠窃狗盗，何足置齿牙间哉？"

例句 在他看来，这点小事实在不足挂齿。

叔孙通是西汉早期大臣，制定了西汉乃至后代都沿用的一些典礼、朝拜、祭祀的规章制度。他在秦朝时因为才学而被征召为博士，等待任用。几年后，陈胜起义发生了。秦二世就召集博士儒生们问道："那些从楚地征召的守边士兵们不去戍边，却正在攻打蕲县、陈县，你们诸位怎么看待这件事？"许多儒生说："天子的臣下不得心怀鬼胎，如果心怀鬼胎就是反叛，这是死罪，不能赦免。希望您赶快派兵镇压他们。"秦二世脸色恼怒。叔孙通走上前去说："那些儒生的话都不对。如今天下统一，已经拆毁了各地的城堡，熔化了各地的武器，向天下表示不再使用它。况且上有英明的君主，下有完备的法令，官吏尽职，四方归心。哪里有反叛的人！这不过是一群偷鸡摸狗的小贼，哪里值得放到嘴里讨论？地方官吏正在抓捕清除，哪里值得担忧？"秦二世非常高兴，赏赐叔孙通，而把那些说陈胜造反的儒生都罢免了。回到住处后，儒生们都说叔孙通善于阿谀奉承，叔孙通认为各位不懂得随机应变，自己若不这样说，恐怕大家都难逃虎口。随后，叔孙通逃离都城咸阳，投奔了反秦的起义军。

才高八斗 cái gāo bā dǒu

解释 才：才能。斗：古代的一种量器，十斗等于一石。形容特别富有文才。

出处 宋·无名氏《释常谈·八斗之才》："文章多谓之八斗之才，谢灵运曾曰：'天下才有一石，曹子建独占八斗，我得一斗，天下共分一斗。'"

例句 在江南论文章，唐伯虎他才高八斗，论丹青，妙笔生花，真是不折不扣的才子。

曹植字子建，是曹操的儿子中最有文才的一位。在他十多岁的时候，就已经能够背诵大量的经典作品，其中包括《诗经》《论语》以及其他的辞赋散文，同时他自己也擅长写文章。曹操有一次看完他的文章后问他："是你请人写的吗？"曹植跪着回答说："自己说出的话就是议论文，下笔写出来就成为文章，只需当面试验一下即可，哪里需要请人代写呢？"当时曹操在河南邺城新修的铜雀台刚刚落成，就带着所有的儿子登台游玩，让他们各自写一篇文章。曹植拿过笔很快就写成了，读起来也不错，曹操觉得他很不简单。曹植的才能非常出众，以至于南北朝时的著名诗人谢灵运在自夸时还说："假如天下的文才总量有一石的话，曹植一个人有八斗，我有一斗，天下其他人总共才有一斗。"

沧海桑田 cāng hǎi sāng tián

解释 大海变成农田，农田变成大海。比喻世事变化巨大。

出处 东晋·葛洪《神仙传·王远》："麻姑自说云：'接待以来，已见东海三为桑田。'"

传说一个叫王远的神仙，有次经过吴地，暂住在一个叫蔡经的人的家里。蔡家准备了丰盛的酒食，王远于是派人请仙女麻姑赴宴。不一会儿，麻姑就来了，是个十七八岁的俏美姑娘。头顶结了一个髻，剩余的长发披垂到了腰际，穿的衣服光彩夺目。麻姑对王远说："自从上次和你见面以后，我已看到东海三次变为桑田；不久前，我又去了一趟蓬莱，这地方的水，比昔日少了一半，恐怕不多久也会变成陆地吧。"王远也感叹道："古代的圣人也曾说过海中将会飞扬尘埃这样的话。"

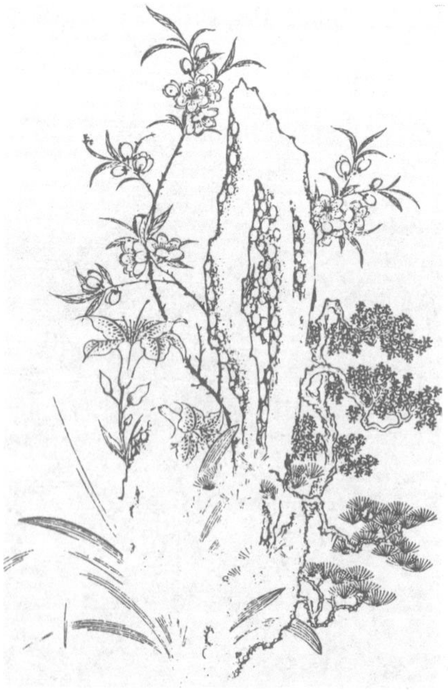

蔡经看到麻姑的手像鸟爪一样，心里突然想，假如脊背发痒时，用那爪来抓背，一定很舒服。想不到王远马上看穿了他的心思，呵斥道："麻姑是神仙，你怎敢想用她的手搔痒？"说完后，就把蔡经捆绑起来鞭打。大家目睹了蔡经被鞭打的情形，可是却没有看到施刑的人。王远说："平常人是无福消受我的鞭笞的。"在王远的点化下，蔡经最终也得道成仙。

草木皆兵 cǎo mù jiē bīng

解释 皆：都。形容惊恐万状，疑虑重重。

出处 《晋书·苻坚载记下》：“坚与苻融登城而望王师，见部阵齐整，将士精锐，又北望八公山上草木，皆类人形，顾谓融曰：‘此亦勍（qíng）敌也，何谓少乎！’怃然有惧色。”

例句 他经常疑神疑鬼，草木皆兵，搞得周围的人都跟着担心。

西晋末年政治腐败，社会动荡不堪，中国历史进入了分裂割据的南北朝时期。南方，公元317年司马睿在建康（今江苏南京）称帝，建立东晋。北方，由氐族人建立的前秦国先后灭掉前燕、前梁等小国，统一了黄河流域。其后又攻占了东晋的梁（今陕西汉中）、益（今四川成都）二州，将势力扩展到长江和汉水上游。前秦皇帝苻坚因此踌躇满志，打算一举荡平东晋，统一中国。公元383年8月，苻坚率领近百万大军，向建康进发。东晋王朝在强敌压境，生死存亡的危急关头，以丞相谢安为首的主战派决意奋起抵御。经谢安举荐，晋帝任命谢安的弟弟谢石为征讨大都督，谢安的侄儿谢玄为先锋，率领八万精兵沿淮河西上迎击秦军主力。前秦军队连续攻下寿春、郧城等重镇后，派大将梁成等驻扎在洛涧，控制淮河，阻止晋军。11月，谢玄派勇将刘牢之率精兵五千夜袭洛涧，揭开了淝水大战的序幕。刘牢之攻克梁成营垒，斩杀了梁成和他的十员大将，秦军死伤甚众。

洛涧大捷，极大鼓舞了晋军的士气。谢石挥军水陆并进，直抵淝水东岸，在八公山边扎下大营，与寿阳的秦军隔岸对峙。苻坚站在寿阳城楼上，一眼望去，只见对岸晋军布阵整齐，将士精锐，连八公山上的草木，也被误认为是晋兵。他惊恐地对弟弟苻融说：“晋军也是勇猛强悍的军队啊，怎么说不行呢？”

淝水之战最终以前秦大败而告结束，成为中国历史上以少胜多的著名战例。

车水马龙 chē shuǐ mǎ lóng

解释 车如流水，马如游龙。形容车马往来不绝，繁华热闹的景象。

出处 《后汉书·皇后纪上·明德马皇后》：“前过濯龙门上，见外家问起居者，车如流水，马如游龙，仓头衣绿褠（gōu 袖套），领袖正白，顾视御者，不及远矣。”

例句 刚进入腊月，大街上已是车水马龙，一派节日的景象。

东汉明帝的皇后姓马，是伏波将军马援的小女儿，非常有德行。明帝去世后，章帝即位，尊马皇后为皇太后。

章帝即位之初，想封赏自己的几位舅舅，但皇太后不同意。第二年夏天，又有官员上疏建议封赏，于是太后下诏说：“凡是上奏说封赏外戚的大臣，都不过是想谄媚我以求取福禄罢了。我为天下之母，却身穿粗布，食不求美，左右之人也没有什么奢侈品，这都是为了以身作则、表率群臣。原以为我的亲戚们见到我这样，会惭愧而勤勉自励，不料他们只是笑话我喜欢俭朴。不久前，我路过濯龙门，看见我娘家来皇宫问候请安的人，车子来往如同流水，马匹走动如同游龙，奴仆们带着绿色的袖套，衣服的领子和袖口干净洁白。回头再看看我的车夫，他的穿戴比那些奴仆们差远了。我之所以对他们没有加以谴责怒斥，仅仅断绝了每年对他们的赏赐，是希望以此暗示他们自己反省，可他们依然懈怠，没有忧国忘家的思想。我怎能对上辜负先帝的旨意，对下亏损先人的德行，重蹈西汉因外戚专权而败家亡身的祸患呢？”这样，马皇后坚决没有同意赐给她的兄弟们爵位。

车载斗量 chē zài dǒu liáng

解释 用车装载，用斗称量。形容数量很多，不足为奇。

出处 《三国志·吴志·吴主传》裴松之注引《吴书》："聪明特达者八九十人，如臣之比，车载斗量，不可胜数。"

例句 橘子、荔枝这些水果，在南方多得车载斗量，到北方就物以稀为贵了。

赵咨为三国名士，博学多识，才思敏捷，应答机辩。一次，孙权派遣他出使曹魏，魏文帝曹丕久闻其名，于是向他发问："你们吴王懂得学问吗？"赵咨回答说："我们吴王江面上浮游万艘军舰，手中掌握百万雄兵，任用贤能之士，心存治国谋略，如有闲余时间，就博览群书，综合吸收，不像儒生们只会搜求摘取片断的词句。"曹丕又问："吴国可以被征服吗？"赵咨答道："你们大国虽有征伐的雄兵，我们小国也有牢固的防御。"曹丕又问："吴国是否害怕我们大魏？"赵咨说："我们拥有百万雄兵，以及长江、汉水这样的天险，有什么可怕的呢？"曹丕接着问："吴国像你这样的士大夫有几个？"赵咨答说："我们吴国聪敏异常的有八九十个，至于像我这样的，多得可以用车装用斗量，数都数不过来。"赵咨就是这样，在一次次的出使中，凭借自己的雄辩为吴国争了光，也得到了曹魏上下的尊敬。

沉鱼落雁 chén yú luò yàn

解释 本指人认为美的，鱼儿鸟儿却不以为美，避之不及。现多用来形容女子的容貌极其漂亮。

出处 《庄子·齐物论》："毛嫱（qiáng）、丽姬，人之所美也；鱼见之深入，鸟见之高飞。"

例句 蘧公孙举眼细看，这个女子真有沉鱼落雁之容，闭月羞花之貌。

古代有个叫啮（niè）缺的人，他问王倪怎样区分仁与义、是与非。王倪觉得很难解释，就先反问他说："我还是先问问你：'人们睡在潮湿的地方就会腰部患病甚至半身不遂，泥鳅会这样吗？人们住在高高的树木上就会心惊胆战、惶恐不安，猿猴会这样吗？人、泥鳅、猿猴三者究竟谁最懂得居处的标准呢？人以牲畜的肉为食物，麋鹿食草芥，蜈蚣爱吃小蛇，猫头鹰和乌鸦则爱吃老鼠，人、麋鹿、蜈蚣、猫头鹰和乌鸦这五类动物究竟谁才懂得真正的美味？猿猴把猵狙（piànjū，一种传说中的兽名，像猿而狗头，喜欢和雌猿交配）当作配偶，麋喜欢与鹿交配，泥鳅则与鱼交尾。毛嫱和丽姬，是人们称道的美人了，可是鱼儿见了她们就深深地潜入水底，鸟儿见了她们就高高地飞向天空，麋鹿见了她们就撒开四蹄飞快地逃离。人、鱼、鸟和麋鹿四者究竟谁才懂得天下真正的美色呢？以我来看，仁与义的端绪，是与非的途径，都纷杂错乱，我怎么能知晓它们之间的分别呢？'"

成人之美 chéng rén zhī měi

解释 成全他人的好事，或帮助别人达到目的。

出处 《论语·颜渊》："君子成人之美，不成人之恶。"

颜渊是孔子的学生，学问和品行都堪称孔门第一，深得孔子喜爱，孔子称赞他说，颜渊从不迁怒于别人，同样的错误也决不会犯第二次。颜渊学习刻苦，可惜体弱多病，二十九岁时头发就白了，三十二岁时去世。他去世后，孔子悲痛不已，大声叹息说："老天让我的理想不能传下去！"而且哭得非常伤心，弟子们劝他："老师您太悲伤了。"孔子说："太悲伤了吗？不为这样的人悲伤，还为谁悲伤呢？"

《论语·颜渊》篇中记载了孔子的一段话说，道德高尚的君子成全别人的好事，不促成别人的坏事。道德低下的小人则相反，不促成别人的好事，专促成别人的坏事。

出尔反尔 chū ěr fǎn ěr

解释 你如何对待别人，别人就会如何对待你。后常用来指前后言行自相矛盾，反复无常。

出处 《孟子·梁惠王下》：“曾子曰：‘戒之戒之！出乎尔者，反乎尔者也。’”

战国时期，邹国同鲁国发生了冲突。邹国国君邹穆公问孟子：“这次冲突，我的官吏牺牲了三十三个，老百姓却没有一个肯为他们效死的。杀了他们吧，杀不了那么多；不杀吧，他们眼看着自己的长官被杀却不去营救，实在可恨。您说，怎么办才好？”

孟子回答说：“灾荒之年，您的百姓，年老体弱者饿死沟壑，年轻力壮四处逃荒的有几千人，但您的谷仓中堆满了粮食，库房

中装满了宝物。对这种情况，有关官吏谁也不来报告，这属于身居上位者骄横淡漠，残害百姓啊！曾子曾经说：‘警惕啊，警惕！你怎样对待别人，别人就会怎样回报你。’现在，您的百姓得到了报复的机会，您不要责怪他们。您如果施行仁政，您的百姓自然会爱护他们的上级，情愿为他们的长官牺牲。”

出类拔萃 chū lèi bá cuì

解释 拔：超出。萃：聚在一起的人或物。形容卓越出众，不同一般。

出处 《孟子·公孙丑上》："圣人之于民，亦类也。出于其类，拔乎其萃，自生民以来，未有盛于孔子也。"

例句 在那海一样的人民当中，到处都有出类拔萃的劳动英雄，这些英雄本身就是人民当中开出的鲜艳花朵。

公孙丑希望老师孟子给自己讲一下孔子、伯夷、伊尹这三位古代圣人的异同。孟子说："他们的共同点在于都能够以仁义治理天下，使诸侯来朝见；都不会做不合道理的事，都不会滥杀没有犯罪的人。"至于他们的相异之处，孟子并没有直接进行比较，孟子这样说："孔门弟子中名气很大的宰我、子贡、有若三人，他们的聪明和智慧足以了解圣人，即使他们了解得不够，也不至于偏袒哪位，因此我们可以看看他们是如何称赞孔子的。宰我说：'我看老师比尧舜都强多了。'子贡说：'看见一国的礼制，就了解它的政治；听到一国的音乐，就知道他的德教。即使在百代以后去评价百代以来的国君，也没有谁能违离孔子之道。从有人类以来，没有谁能赶上我的老师。'有若说：'不仅人类有高下的不同，麒麟对于走兽、凤凰对于飞禽、泰山对于土堆、河海对于小溪，都属同类中的高下之别。圣人对于百姓，也是同类，但他远远地超出了同类，大大高出了同类。从有人类以来，没有谁比孔子更加伟大。'"

出人头地 chū rén tóu dì

解释 高人一等，超出一般人。

出处 宋·欧阳修《与梅圣俞书》：“读轼（苏轼）书，不觉汗出。快哉快哉！老夫当避路，放他出一头地也。”

例句 她在自己幼小的心灵中早就立下志向，长大后一定要出人头地，干出一番惊天动地的事业。

苏轼，北宋著名文学家，四川眉山人，字子瞻，号东坡。苏轼在二十一岁时参加科举考试，当时社会上流行奇谈怪论、不合正道的文风，主考官大文学家欧阳修希望通过主持考试选拔人才的方式来挽救这种弊病，当他看见苏轼的《刑赏忠厚论》时，非常惊喜，就想把这篇文章评为第一，但又怀疑它可能是自己的学生曾巩所作，为避嫌疑最终将其评为第二名。苏轼紧接着又以《〈春秋〉对义》夺得下一场考试的第一名。

后来苏轼给欧阳修写信，感谢他的知遇之恩。欧阳修看完信后对梅圣俞说：“我读到苏轼的来信，不觉汗出，非常痛快。我不应该挡着他，给他让开路，让他比众人高出一头。”当时听到这话的人并不信服，但欧阳修仍然坚信自己的看法，认为只要假以时日，苏轼的文章一定会名满天下。果然，随着时间的推移，苏轼的文章渐渐出名，他也成为一代文豪。

处心积虑 chǔ xīn jī lǜ

解释 处心：存心。积虑：积累思虑。形容长时间地盘算、蓄谋。

出处 《穀梁传·隐公元年》：“何甚乎郑伯？甚郑伯之处心积虑，成于杀也。”

例句 少数日本人处心积虑地要篡改历史，否认日本侵略者的残暴行为，妄图蒙蔽后代。

郑伯是春秋初期郑国的国君郑庄公。郑庄公出生时难产，让母亲姜氏受惊，所以姜氏非常讨厌他。三年后，庄公又有了弟弟共叔段，因为共叔段出生顺利，所以姜氏很喜欢他，就屡次向丈夫郑武公请求，日后让共叔段继承郑国王位，但郑武公没有同意。

郑武公去世后，庄公即位。姜氏多次替共叔段讨要重要的城市作为封地，共叔段也在暗中发展自己的势力，争取民众、扩充地盘，准备发动政变。面对姜氏和共叔段的做法，一些大臣多次建议郑庄公及时惩戒，但郑庄公没有采纳这些意见。

在共叔段做好了叛乱的一切准备后，姜氏也积极响应，打算到时候打开首都城门接应叛军。郑庄公探明叛乱的日期，在叛乱发动的前夕征调全国兵力大举进攻。叛军仓促应战，节节败退，郑庄公穷追猛打。共叔段最终战败，逃亡到了国外，姜氏随后也被郑庄公囚禁了起来。

《春秋》在记载这事时说：“郑伯克段于鄢。”《穀梁传》解释说：“《春秋》为什么不按惯例把郑国国君称为郑庄公，而称为郑伯呢？因为作者认为郑伯没有尽到做哥哥的义务，他对弟弟没有尽到防微杜渐，对错误早早教育的职责。而是费尽心机一步步地培养弟弟的过错，让这种错误发展到不可挽救的地步，再一举消灭。”《春秋》就是这样，常常在简单的称呼和言辞中寄寓了深刻的褒贬之意。

吹毛求疵 chuī máo qiú cī

解释 疵：毛病。本指吹开毛，寻找里面的毛病。现多用来比喻刻意挑剔过失或缺点。

出处 《韩非子·大体》："古之全大体者……不吹毛而求小疵，不洗垢而察难知。"

例句 他总喜欢吹毛求疵，与别人对着干。

《韩非子·大体》论述了办事应该着眼于大体，应当把握全局。文章说到，古代能保全大体的人，不以智巧干扰心境，不因私利拖累自身，把国家的治乱寄托在法律上，把是非的分辨寄托在赏罚上，把物体轻重的辨别寄托在秤具上。不违背天然的常理，不伤害人的真实感情，不吹开毛来挑剔里面的小毛病，不苛刻地考察难以知晓的隐秘。如果依照自然的规律，保全国家的法度，就会君子安乐太平而坏人停止作恶。淡泊少欲，安闲清静，顺应自然的法则，把握事物的大局，就能使人不去触犯法律，这样人们就没有像鱼儿失去水一样的灾祸，天下就很少有行不通的事情。

韩非是战国末期韩国人，思维敏捷，才学超人，他的文章经常被人们竞相传诵。有一次，他的《说难》《孤愤》被传到了秦国，秦王（即后来的秦始皇）看了后说："哎呀！我要是能见到此人并和他来往交游，死而无憾！"秦国于是发兵攻韩，韩国赶紧把韩非交给了秦国。秦国丞相李斯是韩非的同学，他嫉妒韩非的才能，就屡次中伤韩非，韩非就被关进了监狱。李斯随后又派人给韩非送去毒药，逼他自杀了。后人把他的文章编集在一起，就成了《韩非子》一书。

从善如流 cóng shàn rú liú

解释 听从正确的意见，如同水从高处流下那样迅速和顺当。

出处 《左传·成公八年》：“楚师之还也，晋侵沈，获沈子揖初，从知、范、韩也。君子曰：‘从善如流，宜哉！’”

例句 曹操和袁绍相比，一个从善如流，一个刚愎自用，结果袁绍失去了民心和人才，最终兵败人亡。

栾书是春秋中期晋国的著名将领。鲁成公六年（公元前585年），楚国攻打郑国，晋国派栾书率军救郑，两国军队在绕角相遇。尚未战斗，楚军撤回，晋军于是顺便侵袭蔡国。楚国的公子申、公子成率领申、息两县的军队救援蔡国。栾书的两名副将向他请求想要迎战，栾书正打算答应，另外三名手下知庄子、范文子、韩献子劝谏说：“不行。我们前来救援郑国，尚未战斗楚军即离开了我们，我们于是来到这里。这样做，等于是把杀戮搬到了别人头上。杀戮尚未完结，又激怒楚军，初战一定不能取胜。即使战胜，也不是好事。我们大军出征，结果只打败了楚国两个县的力量，又有什么光荣的呢？假如不能打败对方，受到的耻辱就太重了，不如回去的好。”于是晋军就撤退回国。

当时晋军将领中想作战的人很多，有人对栾书说：“您掌握军权，应该斟酌民心办事。现在您的副将十一人，不想交战的只不过三个罢了，想战的是大多数，您应该听从多数人的主张。”栾书说：“好的主张才是大众的主张。现在三位将领的意见一致，是大众的好主张，听从他们的，不也行吗？”晋军退军后，楚军也撤退回国。晋军又趁机侵袭了沈国，俘获了沈国的国君揖初，这也是采纳知庄子、范文子、韩献子建议的结果。当时的有识之士评论说：“栾书听从好的意见就像水流一样和顺迅速，真是合宜啊！”

大逆不道 dà nì bù dào

解释 旧指犯上作乱，违反封建道德。现多用来比喻某种行为、观念背离了道德标准和常理。

出处 《汉书·宣帝纪》：“（杨恽）不悔过，怨望，大逆不道，要斩。”

例句 在中国人的传统观念里，老子打儿子天经地义，儿子打老子就是大逆不道。

杨恽（yùn），是司马迁的外孙，丞相杨敞的儿子。年轻的时候认真读外公写的《史记》，又下功夫钻研《春秋》，以才能著名。杨恽本人轻财好义，获得很多人的夸奖。进入朝廷任职后，因为揭发大臣谋反有功，而获封侯爵，被提升为中郎将。在中郎将任上，他厉行改革，获得了朝廷的赞扬而被升职。在早年的这一派赞扬声中，杨恽养成了廉洁无私，办事公平的优点，也养成了喜欢夸耀和显示自己，刻薄伤人，以及揭发别人隐私的毛病。正是因为这些缺点，朝廷中有不少人怨恨他，尤其是太仆（替天子驾车的官）戴长乐与他矛盾最深。因此，当戴长乐被人告发坐牢时，他就怀疑是杨恽干的，于是也上书揭发杨恽的罪行。

由于性格自傲，杨恽在受审讯期间并不配合，而且口无遮拦，就被判决为大逆不道，按法当斩。皇帝不忍心诛杀他，就将他贬为庶人。杨恽失去爵位后依旧性格不改，又遭人告发为骄傲奢侈，不思悔过，以至于引起了日食这样不祥的征兆。朝廷在调查时恰又发现了他给朋友的信上写着一些怨恨之辞，最终因为这封信引起了皇上的厌恶，杨恽又被判决为大逆不道，被处以腰斩。

大相径庭 dà xiāng jìng tíng

解释 径：门外面的路。庭：院子。形容彼此差异很大。

出处 《庄子·逍遥游》："吾惊怖其言，犹河汉而无极也，大有径庭，不近人情焉。"

例句 对于同一个问题，不同部门给出的答案大相径庭，令人难以接受。

肩吾问连叔："我听楚国狂士接舆说话，感觉到他大话连篇没有边际，越说越离谱。我对他的话语非常惊恐，如同天上的银河没有边际。他的话与人之常情相差很远，就像小路和庭院相差很远，互不相干一样。"

连叔问："接舆他到底说了些什么呢？"肩吾说："他说在遥远的姑射山上住着一位神人，不吃五谷，而吸风饮露；乘云驾龙，而遨游四海。他意志专注，能使世间万物不受病害，农作物年年丰收。我认为这全是虚妄之言，一点也靠不住。"连叔听后说："对于瞎子没法同他们欣赏花纹和色彩，对于聋子没法同他们欣赏钟鼓乐声。难道只有形骸上的聋和盲吗？其实思想上也有聋和盲啊，说的就是肩吾你啊。"连叔言下之意是肩吾思想认识不够，还没达到接舆那种自由自在，不受万物约束的境地，所以领会不了接舆的话意。

大义灭亲 dà yì miè qīn

解释 本指为了君臣大义而断绝父子之间的亲情。后泛指为维护正义而不顾亲属间的私情。

出处 《左传·隐公四年》："石碏（què），纯臣也，恶州吁而厚与焉。大义灭亲，其是之谓乎？"

例句 包公发现自己的侄子包勉贪赃枉法，就大义灭亲，依法对他处以死刑。

春秋时期，卫庄公非常宠爱小儿子州吁，对他的错误一味纵容而不加制止。卫国的大夫石碏多次劝谏庄公，希望庄公能用道义教导州吁，但庄公不听。石碏的儿子石厚和州吁关系密切，石碏劝说他也没有作用。

庄公死后，州吁同父异母的哥哥继承了王位，即为卫桓公。公元前 717 年春天，州吁在石厚的帮助下杀掉卫桓公，篡夺了王位。但州吁崇尚武力而内心残忍，不能安定自己的百姓，于是就让石厚向石碏请教巩固君位的办法。石碏说："朝见周天子就可以取得合法的地位。"石厚说："怎样才能朝见周天子呢？"石碏说："现在陈国的陈桓公正受到周天子的宠信，而陈、卫两国最近关系也颇和睦，如果你去见陈桓公，让他代为请求朝见的事，就一定可以达到目的。"于是石厚跟随州吁到了陈国。石碏暗中派人提前告诉陈桓公说："卫国地盘狭小，老夫年纪大了，已经不能做什么事了。但这两个人确实杀死了我们的国君，请您趁此机会帮我们对付他们。"于是陈国人抓住了州吁和石厚，请卫国派人来处置。卫国派大臣去杀死了州吁，考虑到石厚是石碏的儿子，就没有处死他。石碏知道后立即派自己的总管前往陈国，杀死了石厚。

当时道德高尚的人都赞叹说："石碏真是一心忠于国家的大臣啊。他痛恨州吁，同时连及了自己的儿子石厚。为了君臣大义而断绝父子私情，大概说的就是这种情况吧！"

呆若木鸡 dāi ruò mù jī

解释 形容因恐惧或惊讶而发愣的样子。

出处 《庄子·达生》："纪渻（shěng）子为王养斗鸡。……又问，曰：'几矣。鸡虽有鸣者，已无变矣，望之似木鸡矣，其德全矣，异鸡无敢应者，反走矣。'"

例句 突然听到好友病故的消息，他呆若木鸡，久久说不出话来。

西周时，纪渻子为周宣王驯养斗鸡。过了十天，周宣王问："鸡驯好了吗?"纪渻子回答说："不行，正虚浮骄矜、自恃意气呢。"过了十天，周宣王再问，回答说："不行，还是听见响声就叫，看见影子就跳。"再过了十天，周宣王又问，回答说："还是那么迅速地回头看，意气还是显得强盛。"又过了十天，周宣王又问，回答说："差不多了。别的鸡即使打鸣，它也不会有什么反应，看上去就像木头雕刻的鸡一样，它的德行真可说是完备了，因为它精神凝滞，别的鸡没有敢来应战的，见到它只会掉头逃跑。"

这个故事出自《庄子·达生》，《达生》就是通达生命的真义，这一篇的主旨重在说养神，强调人的精神作用。

当头棒喝 dāng tóu bàng hè

解释 原指佛教禅宗和尚接待初来学佛的人，常不问情由，用棍棒或呵斥作为特殊的施教方式。后用以比喻促人醒悟的打击或警告。

出处 《五灯会元·黄檗（bò）运禅师法嗣·临济义玄禅师》：“上堂，僧问：‘如何是佛法大意?’师亦竖拂子，僧便喝，师亦喝。僧拟议，师便打。”

唐朝时江西有个道一禅师，姓马，时称马祖。有一次，马祖的弟子百丈禅师参见他，他在百丈迷惑不解时大声一喝，使其醒悟。后来，百丈对自己的弟子回忆说：“佛法不是小事，我曾经两次参见马祖道一禅师，蒙他大喝一声，让我觉醒，领悟了佛法的真谛。而他这一声大喝，竟震得我三天都两耳发聋、两眼发黑。”

临济义玄也是唐代的著名禅师。他俗姓荆，曹州（今山东菏泽）南华人。义玄出家后，精研佛教律学，博通经论，后来云游到江西黄檗山参见希运禅师。睦州和尚当时在那里担任首座，看到义玄开悟的机缘已经成熟，就点化他说：“你到这里已有多时，为什么不去问话?”义玄问：“问什么呢?”睦州说：“你就问：‘什么是佛法大意?’”临济便去问师傅黄檗，话还没有说完，黄檗抬手就打。义玄回来后，睦州问：“你去问话怎么样?”义玄说：“我话还没有说完，和尚就打我。”睦州就说：“你再去问。”义玄又去问，黄檗又打。就这样三度发问，三度被打。义玄搞不明白，就去拜见大愚禅师，经大愚禅师指点，才明白黄檗三打是为了警醒自己的痴呆愚昧。

此后，禅门施教也多以棒喝交加的手段，所以禅门流传着这样一句名言：“一喝大地震动，一棒须弥粉碎。”意思就是棒喝能引起心灵的震动，能消除像大山一样积压在心头的困惑。

道听途说 dào tīng tú shuō

解释 道、途：道路。从道路上听到，在道路上传说。泛指没有根据的传闻。

出处 《论语·阳货》：“子曰：‘道听而涂（途）说，德之弃也。’”

例句 作为记者，必须深入实际调查研究，掌握第一手材料。事实表明，道听途说往往是不可靠的。

《论语·阳货》里记载，孔子告诫自己的学生说，在道路上听说，又在道路上传播，这是有德行的人应该废弃的。

《吕氏春秋·察传》也说：“听到他人的言论不可不考察，因为很有可能经过多次传播撒布，白的已经变成了黑的，黑的已经变成了白的。狗像玃，玃像马猴，马猴像人，很有可能据此类推出狗像人的结论，其实人和狗相差很远。所以听到传说然后去考察才是正确的，听了后不加考察，还不如不听。”接着又讲了三个故事：其一，鲁哀公听到“乐正夔一足”这话，以为是说音乐官员夔这个人只有一只脚，就问孔子这话是否真实。孔子说，这话本来的意思是说，音乐具有强大的教化人民的功能，而夔这个音乐长官又非常称职，所以治理天下有夔一个人就足够了。因此“夔一足”，不是说“夔只有一只脚”，而是说“夔一个人就足够了”。其二，宋国一户姓丁的人家没有井，他家里常年有个人住在外面专职挑水。等家里打了一口井后，家里人告诉别人：“吾穿井得一人。”有人听到后，传说道：“丁家人在打井的时候得到了一个人。”全国人都谈论起这件事，宋国国君也听说了。国君派人问丁氏，丁氏回答说：“我是节省了一个劳力，而不是从井里得到了一个人。”其三，孔子的弟子子夏要到晋国，路过卫国，听到有人读史书的时候说：“晋师三豕涉河。”子夏就说：“不对啊，是己亥过河。因为‘己’和‘三’字形相近，‘豕’与‘亥’字形相近，因此弄错了。”到了晋国一问，果然是“晋国军队在己亥日渡河”。

得陇望蜀 dé lǒng wàng shǔ

解释 陇：地名，指今甘肃省东部。蜀：地名，指今四川中西部地区。原指攻下陇地后又打算攻下蜀地。后比喻贪心不足。

出处 《后汉书·岑彭传》：“两城若下，便可带兵南击蜀虏。人苦不知足，既平陇，复望蜀。每一发兵，头须为白。”

例句 人只要上了赌桌，就是输了也想捞个够本，赢了又得陇望蜀，哪里还割舍得开。

岑彭是东汉光武帝刘秀手下的平南大将军。建武八年（公元32年），岑彭带兵跟随刘秀攻打盘踞在陇西的隗嚣，攻克了陇西重镇天水，与吴汉一起把隗嚣围困在西城。公孙述派李育为将，带兵进驻上邽，以援救隗嚣。

这时颍川、河东两地发生了叛乱，京师骚动，刘秀留下盖延、耿弇（yǎn）围攻李育，自己急忙从上邽返回洛阳。刘秀返回时，在给岑彭的信中说：“西城、上邽两个城池如果攻下，便可以带兵乘胜向南攻打蜀地。人心总是苦于不知道满足，我也有这样的毛病，一旦攻下了陇地，就又盼望攻下蜀地。每一次发兵，我的头发胡须就要多白一些。但若不这样，天下又怎能统一呢？”

岑彭堵塞谷水，打算用灌淹的办法攻克西城，不料水从地下流走，没有成功。不久隗嚣的手下行巡，周宗带领救兵来到，而汉军粮尽，只能领兵退还。等到颍川等地的叛乱平息后，隗嚣也随即病死，他的儿子隗纯继位，一年后投降，陇地即告平定。

岑彭在平定蜀地时一路势如破竹。建武十一年，岑彭率军攻至距离成都只有几十里时遭刺客暗杀。建武十二年，大司马吴汉继续进兵成都，才最终平定了蜀地。

调虎离山 diào hǔ lí shān

解释 调：调动。调动老虎离开自己的地盘。比喻为了便于乘机行事，设法引诱对方离开原来的地方。

出处 《西游记》第五十三回："先头来，我被钩了两下，未得水去。才然来，我使个调虎离山计，哄你出来争战，却着我师弟取水去了。"

例句 这次战斗，最好是采用调虎离山之计。

《西游记》第五十三回讲，唐僧、八戒在西梁女儿国因为误饮了子母河水，受孕怀胎而肚子疼痛，只能喝解阳山破儿洞落胎泉的泉水才能化解。但是红孩儿的叔叔如意真仙把持着泉水，他认为孙悟空以前害了红孩儿，所以不肯给他。孙悟空第一次强取不成，就回去叫上沙和尚帮忙。孙悟空安排沙和尚，让他先躲在一边，自己去挑战，趁两人交战正浓时进去取水。等沙和尚取到水后，悟空用金箍棒架住老道的双钩，说："第一次来时，被你的钩子勾了两个跟头，没有弄到水。刚才来，我用的是调虎离山之计，哄你出来交手，却让我师弟取水去了。"老道不知好歹，又抡起钩子打斗，被悟空闪过钩头一把推倒，然后将他的钩子折为四截。老道战战兢兢，忍辱无言，悟空于是赶紧和沙僧一起驾云回去解救唐僧和八戒。

东窗事发 dōng chuāng shì fā

解释 比喻阴谋或罪恶败露。

出处 元·刘一清《钱塘遗事》卷二："桧曰：'可烦传语夫人，东窗事发矣'。"

例句 他拉帮结派排除异己东窗事发后，引起了上级机关的重视，经调查最终被免职。

秦桧是宋代的大奸臣，他在北宋末期曾担任御史中丞，其后投降金朝，南宋时受到皇帝信任而做了宰相，是投降派的代表。当时岳飞英勇抗金，成为投降派的眼中钉。秦桧于是设计从前线骗回岳飞，找了些借口，将其关进监狱。有一天，秦桧和老婆王氏在东边的窗户下商量是否杀掉岳飞，商量了很久也不能决定，这时王氏说："擒获老虎容易，但是要放掉它可就麻烦了。"于是秦桧下决心处死了岳飞。

过了一段时间，秦桧在西湖坐船游览，忽然从水里冒出一个人，披散着头发大声骂道："你误国害民，我已向上天倾诉，得到了天帝的支持。"回来后秦桧就得了重病，不久即死去。没过多久，他的儿子秦熺（xī）也死了。王氏想念他们，就请来方士做法。方士看见秦熺在阴间正戴着铁枷受刑，就问他秦桧在哪里。秦熺说："我父亲现在鬼城酆都。"方士按他所说前往酆都，看见秦桧和同党万俟卨（mòqíxiè）都戴着铁枷，正在遭受各种刑法。秦桧看见方士便说："麻烦你带话给我夫人，就说东窗密谋的事情已经败露了。"

东郭先生 dōng guō xiān shēng

解释 比喻不分善恶，滥施仁慈的人。

出处 明·马中锡《中山狼传》：“先生曰：‘狼负我！狼负我！’狼曰：‘吾非固欲负汝，天生汝辈，固需吾辈食也！’”

例句 爱憎不分明，对坏人还抱同情和幻想的人，就是现代的东郭先生。

小说《中山狼传》说，赵简子到中山打猎，遇见一只狼，像人一样站在路中间号叫。赵简子一箭射去，正中狼腿，狼尖叫着逃走了，赵简子马上带人去追赶。

这时，有位墨家学者东郭先生打算到中山去谋求官职，正赶着跛脚毛驴，驮着书，因为迷路待在路边。狼跑到东郭先生跟前，说：“先生难道不愿意救助别人吗？过去毛宝因为放生乌龟，后来渡河时得到乌龟的帮助；隋侯因为救了大蛇，后来大蛇赠送给他珍珠。乌龟和大蛇哪有我们狼类聪敏呢？先生今天为何不把我藏在书袋里略作喘息呢？假如能够脱险，先生的恩德简直如同让死者复生、让白骨生肉，我又岂敢不学龟蛇而对恩人有所回报呢？”东郭先生说：“为了包庇你而得罪当权贵族，说不定会遭遇不测之祸，哪里还想得到什么回报。但是我们墨家学说主张爱无差别等级，不分厚薄亲疏，我会想办法救你，即使因此遭遇祸患，也不会推辞。”东郭先生说完就取出书腾空口袋，让狼爬进去藏在里面，然后把口袋扎住放在驴背上，躲到路旁。赵简子追过来没有找到狼，就走了。东郭先生于是把狼放出来，不料狼一出来就要吃掉他。东郭先生大喊：“狼啊，你辜负了我。”狼说：“不是我辜负你，天生你这样的人，就是让我们吃的。”

正在东郭先生被狼追逐时，来了一位老农，设计骗狼重新钻进袋子，然后才将它打死。

东山再起 dōng shān zài qǐ

解释 东晋谢安早年曾辞官隐居在会稽东山，经朝廷屡次征召，方从东山复出，官至司徒要职，成为东晋重臣。后指退隐复仕或失势后重新得势。

出处 《晋书·谢安传》："卿累违朝旨，高卧东山，诸人每相与言，安石不肯出，将如苍生何！"

谢安，字安石，东晋著名政治家。谢安小的时候非常聪敏，长大后擅长书法，口才也很好，得到当时名流的推重，名气很大。谢安成年后，官府屡次征召他担任官职，都被他拒绝了。他寄居在会稽山，和王羲之等人来往，要么一起外出游赏山水，要么一起在家里吟咏作文，没有一点从政的想法。因为谢安名气很大，扬州刺史庾冰想尽办法，逼他到自己手下任职，但也不过一个多月，谢安又辞职回家了。后来官府又屡次征召，谢安仍然不赴任，和朋友们在东山游赏玩乐。有一次，谢安到临安附近的山中，坐在石洞里，面对着深谷，悠然叹息道："我的这种生活境界恐怕和古代著名的隐士伯夷也相差不远了。"又有一次，他和朋友到海中泛舟，不料刮起了大风，波浪起伏，朋友们都害怕了，只有谢安若无其事地吟诵、长啸。划船的人以为谢安喜欢，也就暂时没有返航，直到风浪越来越大，把船里的人吓个半死，谢安才让返回，从此大家又都佩服他高雅镇定的气度。直到四十多岁，因为弟弟谢万被废黜，谢安才有了入仕从政的打算。

当时权臣征西大将军桓温请谢安担任自己的司马，将要赴任时，许多人都来送行，高崧和他开玩笑说："您屡次违抗朝廷的旨意，高卧在会稽东山，大家常常议论，安石先生不愿出来做官，天下百姓该怎么办？现在您答应出仕，又不知天下百姓如何对您？"谢安听后，感到非常惭愧。后来谢安逐渐升任中书令、司徒等要职，晋室依赖他的调度，安然度过了国内外的多次危机。

东施效颦 dōng shī xiào pín

解释 东施：越国的丑女。效：模仿。颦（pín）：皱眉。东施模仿美女西施的样子皱眉。后比喻不切实际地照搬照抄，效果适得其反。

出处 《庄子·天运》："故西施病心而矉（通'颦'，皱眉）其里，其里之丑人见而美之，归亦捧心而矉其里。其里之富人见之，坚闭门而不出；贫人见之，挈（通'挈'，带领）妻子而去之走。"

例句 现在许多女孩不顾自身条件，一味模仿明星，结果东施效颦、适得其反。

西施是越国的美女，非常漂亮。有一次，她心口疼痛，就在里巷中皱起眉头。同巷里一个丑女东施看见了，觉得她皱眉的样子非常好看，回去后也在别人面前捧着心口皱眉头。邻居里的富人看见后，赶快把门关得紧紧的不出来；穷人看见后，带着自己的老婆孩子远远地躲开她跑掉了。

对牛弹琴 duì niú tán qín

解释 比喻对不懂事理的人讲道理。常含有徒劳无功或讽刺对方愚蠢之意。

出处 东汉·牟融《理惑论》：“公明仪为牛弹《清角》之操，伏食如故，非牛不闻，不合其耳矣。”

例句 和这些刽子手争吵，无异于对牛弹琴，徒然耗费精力。

牟融是东汉末年人，推崇佛法，撰写了《理惑论》（《牟子》）一书，采用问答式，引用《老子》《论语》《孝经》等书，回答了当时人对佛教提出的种种疑难问题。

当时有人问牟融：“你崇尚佛法，说佛经数量浩如烟海，都是锦绣文章，但为何回答我的问题时不用佛经，却引《诗》《书》，难道是为了把不同的东西合并成相同的东西吗？”牟融回答说：“口渴的人不一定非要到长江、大海去喝水，饥饿的人不一定非要到粮仓才能吃饱。规律呈现给有智慧的人，辩论讲给明白事理的人，书籍留传给能看明白的人，事情说明给有见解的人。我以为你了解《诗》《书》，所以才引用它们来加以说明。如果用佛经上的话，对你谈佛经‘无为之道’的要点，这就像对盲人述说五种色彩，对聋子演奏五种声律。师旷再巧，也不能弹奏没有琴弦的琴；皮衣再暖，也不能让死人的体温变热。公明仪给牛弹奏《清角》这样优美的乐曲，牛却照样低头吃草，并不是牛没听见，而是乐曲不合它的耳朵。假如换成蚊子、牛虻的声音，或者小牛犊孤独的叫声，它马上就调转尾巴，竖起耳朵，走来走去地听。因此，我用《诗》《书》来给你讲佛经的道理。”

多难兴邦 duō nàn xīng bāng

解释 国家多遭患难，可以促使内部团结，因而兴盛起来。

出处 《左传·昭公四年》：“邻国之难，不可虞也。或多难以固其国，启其疆土；或无难以丧其国，失其守宇。”

例句 温总理深情地在黑板上写下了四个字：“多难兴邦！”

公元前538年春，楚灵王想称霸诸侯，就派椒举到晋国去争取晋国的拥护。晋平公不想答应，司马侯却认为值得考虑。晋平公说：“晋国地势险要，盛产马匹，而齐、楚等国祸难很多，这三条优势足以让晋国免于任何危险。”司马侯说：“仗着地势险要和马匹众多，而对邻国幸灾乐祸，这是三条危险。地势和马匹，从来就不能巩固国家。邻国的祸难，是不能用来高兴的。对于邻国来说，或者祸难众多，却以此巩固了国家；或者没有祸难，却反倒因此灭亡。因此，又怎能对邻国的祸难幸灾乐祸呢？”

司马侯又说：“楚灵王现在做事正在胡作妄为的时候，上天也许是想让他满足愿望，以增加他的劣迹，然后降下惩罚；不过，说不定也许会让他得以善终。晋、楚的霸业只有靠上天的帮助，而不是彼此可以争夺的。您还是同意他，而修明德行来等待他的结局。如果他最后德行高尚，我们理应尊他为霸主。如果他荒淫暴虐，楚国人自己会抛弃他，又哪里需要我们去跟他争夺？”晋平公觉得有理，就同意了楚国的请求。

尔虞我诈 ěr yú wǒ zhà

解释 尔：你。虞、诈：欺诈。形容互不信任，互相欺骗。

出处 《左传·宣公十五年》："我无尔诈，尔无我虞。"

例句 同学间要搞好团结，不能尔虞我诈。

春秋时期，楚王派遣大臣申舟出使齐国。从楚国到齐国，要途经宋国，申舟出使时，楚王给他说不用向宋国借道。申舟说："宋国是个糊涂的国家，如果不借道，我就一定会被杀掉。"楚王说："如果你被杀，我就出兵灭了宋国。"于是申舟不借道而行，后来果然被宋国杀掉。

楚王于是发兵进攻宋国，围困了九个多月还没有攻下，楚王就想退兵。申舟的儿子说："先父甘冒杀身之祸而不敢放弃您不借道的命令，现在君王您却放弃了自己以前的诺言。"楚王哑口无言，无计可施。这时楚王的车夫申叔出主意说："在阵地上修建房屋，并让逃亡的人来这里种田，宋国就会认为我们要打持久战，就一定会屈服。"楚王听从了这一建议，宋国果然非常害怕。

于是宋国派遣勇士华元趁夜潜入楚军，直接跑到宰相子反的床边，对他说："实话告诉你，我们城里已经断粮，大家交换儿子当粮吃，拿死人骨头当柴烧。尽管这样，我们也宁愿与国同亡，而不会接受屈辱的条约。假如你们现在退军三十里，我们将听从你们的命令。"子反害怕了，便同意撤退三十里然后结盟。宋楚结盟时在盟约中写道："我不欺骗你，你也不要欺骗我。"

反客为主 fǎn kè wéi zhǔ

解释 为：成为。客人反过来成为主人。常用来比喻变被动为主动或变次要为主要。

出处 《三国演义》第七十一回：“渊为人轻躁，恃勇少谋，可激劝士卒，拔寨前进，步步为营，诱渊来战而擒之，此乃反客为主之法。”

例句 他本来只是客人，却反客为主，成为这次宴会的焦点。

三国时，蜀国大将黄忠与夏侯渊在定军山对阵。黄忠手下陈式被夏侯渊活捉回曹营。黄忠忙与军师法正商量，法正说：“夏侯渊性格轻浮急躁，做事有勇无谋。咱们可以激励自己的士兵，每前进一步就设下一道营垒，引诱夏侯渊来交战，然后再擒获他。这就是所谓的‘客人反过来成为主人’的计谋。”黄忠采纳了法正的建议，先把自己的所有物品都奖励给士兵以激励士气，士兵们非常高兴，都愿意拼死作战。然后每前进一步都设下一道营垒，在每道营垒里都住几天，巩固住阵地再往前推进。夏侯渊听说后打算出战，他的手下张合识出这是“反客为主”之计，劝他不可出战，假如出战就会失败。夏侯渊不听，命令夏侯尚带领几千士兵出战，一直冲到了黄忠的营寨前。黄忠提刀与夏侯尚交战，只一个回合，就活捉了夏侯尚，曹军大败而归。这次胜利，迫使夏侯渊主动提出交换战俘，也使蜀军由被动变为了主动。

方寸大乱 fāng cùn dà luàn

解释 方寸：心绪、心思。形容心绪烦乱，没有了主意。

出处 《三国志·蜀志·诸葛亮传》：“今已失老母，方寸乱矣，无益于事，请从此别。”

例句 突如其来的情况打乱了前期计划，正在兴头上的田甜顿时方寸大乱，蔫了下来。

徐庶和诸葛亮是好朋友，为人忠勇侠义，博学多识，是刘备寄居荆州刘表时的重要谋士。刘表死后，曹操南征荆州，刘表的接班人小儿子刘琮马上降曹。刘备事先没有得到消息，因此毫无准备，措手不及，被曹兵打得大败，领着拥戴他的老百姓狼狈而逃。这时，曹兵在百姓中抓住了徐庶的母亲。

徐庶本与诸葛亮一起跟着刘备奔逃，听到母亲被俘虏的消息后，决定去营救母亲。于是他向刘备辞别，用手指着自己的心口说：“本来打算以自己的谋略和忠心来和将军您一起平定天下，建立王霸之业。不料现在老母亲陷于敌手，自己心绪大乱，对将军的事业已经没有什么用处。请求您允许我就此离开。”得到刘备的同意之后，徐庶赶到曹营，拜见曹操，救出了母亲。据《三国志》记载，徐庶后来一直在曹魏任职，直至去世。

罗贯中在《三国演义》中将这一段故事大加演绎，说徐庶和母亲相见后，母亲看他竟然弃刘归曹，气得将他大骂一顿，然后自缢而死。徐庶从此决定不为曹操制定任何计谋，所以后人又演绎出了“身在曹营心在汉”，“徐庶进曹营——一言不发”等典故和歇后语。

防微杜渐 fáng wēi dù jiàn

解释 在错误或坏事刚萌发时，就加以制止，不使其发展。

出处 《宋书·吴喜传》：“且欲防微杜渐，忧在未萌。”

例句 腐败现象极具腐蚀性与传播性，如果我们不从小事做起，防微杜渐，那些细微的苗头最终会酿成民族衰亡的大祸。

吴喜（426—471），南朝宋时临安人。吴喜从小就读了不少书，将军沈演之要他抄写有关皇帝言行举止的起居注，吴喜一口气抄完后竟能顺利地背诵出来。沈演之曾经写好表章准备上奏给皇帝，但临上奏前丢失了稿本，非常着急。吴喜曾经见过一次这个奏章，于是马上把表章默写出来，没有一点错漏。因为这些事，沈演之非常器重他，经常向皇帝推荐。

宋明帝即位后，四方反叛，东部尤其厉害。吴喜请求带精兵三百东征，明帝大喜，封其为建武将军。吴喜东征大捷，随后又率部南征，再获大胜。吴喜精通兵法，征战有功，屡被封赏，担任了许多要职。宋明帝重病之后，担心吴喜功高名大，将来不能扶助幼主，就将他赐死。

吴喜死前一天，宋明帝给几位重臣发布了一份诏书，罗列了吴喜的很多罪状。诏书说：“吴喜出身卑贱贫寒，从小替人跑腿，所以能言善辩，妄行欺诈，轻佻狡媚，诡计多端。吴喜依仗主上恩宠，假借朝廷威望，玩弄权术，结交士人，邀取人心，结党营私，实为国家的祸害。吴喜的罪恶深重如山，纵使他以前有功劳，也不足以抵消这些罪恶。再说如果打算防范错误，就应当在事情未萌生之前就加以考虑。你们是国家重臣，如何处置吴喜应当同你们商量。我打算明天给他发一份诏书，对他严加责备，让他自我了断，不知你们意下如何？”这样一来，处死吴喜就成了大家商议的结果，理由就显得比较充分了。

飞蛾投火 fēi é tóu huǒ

解释 飞蛾投身火焰。比喻自寻死路，自取灭亡。

出处 《梁书·到溉传》：“因赐溉《连珠》曰：‘研磨墨以腾文，笔飞毫以书信。如飞蛾之赴火，岂焚身之可吝。必耄年其已及，可假之于少荩。’”

例句 明知故犯，知法犯法，以身试法，岂不是飞蛾投火。

到溉是南北朝时期梁朝人，从小就失去了父母，家境贫寒，但是他和弟弟到洽都聪慧敏捷，很有才学，逐渐名声远播。到溉为官后，带头节俭，不爱好声色娱乐，外出时车马服饰也从不装饰得鲜艳华丽，帽子、鞋子十年才换一次，朝服有的都穿得打了补丁。到溉兄弟非常友爱，弟弟到洽活着时，两人常常住在一起，到洽死后，自己便发愿出家，戒断荤腥，终身吃素，早晚跟随僧人诵经。

到溉性格严谨宽厚，皇帝非常喜欢他，到溉的孙子到荩也非常有才华。有一次两人都跟随皇帝出巡京口，在北顾楼大家都登楼赋诗，皇帝让到荩做诗，命令刚下，到荩的诗就做好了。皇帝看完后又拿给到溉看，说：“到荩一定是个才子，我现在反倒认为你过去的文章都是到荩帮你写的。”于是赏赐给到溉《连珠》一文，说：“研磨作文，挥毫写信。就如同飞蛾向火光奔赴，哪里能吝惜焚毁自己的身躯。年纪虽已变老，可由到荩相助。”展示了皇帝对祖孙二人的赏识。

fēi niǎo jìn liáng gōng cáng

飞鸟尽，良弓藏

解释 鸟打完了，把弓箭收藏起来不用了。比喻大功告成，出力的人就被抛弃。

出处 《史记·越王勾践世家》：“范蠡遂去，自齐遗大夫种书曰：‘蜚（飞）鸟尽，良弓藏；狡兔死，走狗烹。’”

例句 汉朝建立后，大将韩信就被逐渐剥夺兵权、封地，最后被杀害。这真是“飞鸟尽，良弓藏”。

春秋时期，吴国和越国打仗，一开始越国被打败。越王勾践听从大臣文种的建议，卧薪尝胆，磨炼意志，积蓄力量，三年后在范蠡的帮助下一举打败了吴国。吴王夫差求和不成，自杀而死，越国实力大振，称霸诸侯。

越国灭亡吴国后，范蠡功成身退，乘舟泛游江湖，后来住到了齐国，致力于经商致富。他给文种写信说：“鸟儿全都射死后，再好的弓也会收藏起来；兔子全都捉完后，再好的猎狗也会被烹煮着吃掉。越王勾践长着长长的脖子和尖突得像鸟一样的嘴巴，这种人可以和他共担患难，但不可与他共享富贵。你为何还不离开?”文种接到信，觉得范蠡所言有理，就声称自己有病，不再上朝参政。不久，有人造谣说文种将要造反作乱，越王也觉得文种谋略过于深远。当年被吴国打败时，文种曾为自己献出了七条对吴复仇的计策，自己才用了三条，吴国就被灭亡，所以他的存在是对自己的巨大威胁。于是越王趁机赐给文种宝剑，让他自杀了。

分道扬镳 fēn dào yáng biāo

解释 镳：马嚼子。扬镳：提起马嚼子，意即驱马前行。原指分道而行。后多用来形容由于见解不合，各走各的路，各干各的事。

出处 《魏书·拓跋志传》：“洛阳我之丰沛，自应分路扬镳。自今以后，可分路而行。”

例句 我们各自的追求目标大相径庭，只好分道扬镳，各走各的路。

南北朝时，北魏有一个叫拓跋志的人，是皇室宗族，他父亲屡建战功，很受皇帝敬重。拓跋志从小聪敏机警，口才出众，同时饱读诗书，很有文采，受到皇帝的赏识，后被任命为洛阳令。不久，北魏迁都洛阳，拓跋志便顺理成章地成了主管京城事务的京兆尹。洛阳变成京城，城中达官贵人就多了起来。但拓跋志认为自己很有才能，根本瞧不起那些地位比自己高的官员。

有一次，拓跋志外出，迎面遇上御史中尉（国家最高监察机构长官）李彪的车马。按照当时的规定，官职低者要给高者让路。拓跋志职位比李彪低，应该给李彪让路，但他偏偏不让。两人相持不下，到皇帝面前争了起来。李彪说：“御史中尉谋虑国家大事，按法享受华盖之车。岂有洛阳令与我相抗衡的道理?”拓跋志并不买李彪的账，说：“普天之下，哪个人不编入地方官的户籍？洛阳为京畿之地，我是这里的行政长官，你就是编入我户籍的一位住户，我又岂能和其他官员一样，避让你的车马?”

皇帝听后，觉得他们都有理，便说：“洛阳是我的京城，从今以后你们可以分路而行，各走各的。”于是两人出来，拿出尺子丈量路面，然后分成两边，各走各的。

fēng mǎ niú bù xiāng jí

风马牛不相及

解释 风：动物发情后雌雄相互引诱。本指牛马即使发情也只会在同类之间相诱，而不会牛找马、马找牛。后用以比喻事物之间毫不相干。

出处 《左传·僖公四年》：“君处北海，寡人处南海，唯是风马牛不相及也。”

例句 原是风马牛不相及的两码事，你怎么扯到一块去了？

春秋时期，鲁僖公四年（公元前 656 年）春天，作为霸主的齐国率领诸侯国联军突袭蔡国。蔡国溃败后，又大张旗鼓地攻打楚国。楚王派使者到联军军队说：“你们在北海之滨，我们在南海之滨，我们两家离得这么远，就像马牛发情也不会找异类一样，毫不相干。不料你们竟然进入了我们国土，这是什么原因呢?”齐国宰相管仲回答说：“我们齐国有辅卫周王室的责任。现在你们不按时向王室进贡，以致王室缺乏相关用品，我们是来征收这些贡品的。周昭王到南方巡行，走到你们楚国再也没有回去，我们是来询问这个原因的。”楚国使者说：“没有按时纳贡，是我们的罪过。但是昭王在汉江淹死，以致一去不返，你应该去问水边的人民。”齐国对此回答很不满，军队继续向前开进。

楚王于是另派屈完来谈判，屈完能言善辩，深知外交之道。一轮谈判之后，诸侯联军即后退了一段距离。齐王于是让联军列队，与屈完共同检阅，打算以军威慑服楚国。不料屈完并没有被吓倒，他沉着镇定地对答道：“您假如用仁德安抚诸侯，没有谁敢不听您的。您假如用武力相逼，我们楚国凭借山河之险，让您即使军队众多，也无用武之地。”齐王见武力威胁吓不倒楚国，就同意屈完的要求，订立了盟约。

风声鹤唳 fēng shēng hè lì

解释 鹤唳：鹤的鸣叫声。形容极端惊慌疑惧或自相惊扰。

出处 《晋书·谢玄传》：“余众弃甲宵遁，闻风声鹤唳，皆以为王师已至，草行露宿，重以饥冻，死者十七、八。”

例句 贾珍方好，贾蓉等相继而病。如此接连数月，闹的两府惧怕。从此风声鹤唳，草木皆妖。

南北朝时，前秦苻坚率领百万大军打算一举荡平东晋。然而，在淝水之战的序曲“洛涧之战”中即遭惨败（参“草木皆兵”条）。洛涧大捷极大地鼓舞了晋军的士气，于是晋军水陆并进，在淝水东岸安营扎寨，与秦军隔水对峙。

由于秦军紧逼淝水西岸布阵，晋军无法渡河。晋军前锋主帅谢玄就派使者对秦军前锋主帅苻融说：“你们长途跋涉却靠河布阵，这是不想速战速决。假如你们把战阵稍微往后摆一点，让我们的军队渡过河，待将士们有了周旋之地，咱们再一决雌雄，不是更好吗?”秦军将领都不同意。但苻坚认为可以将计就计，让军队稍向后退，待晋军刚刚渡过河，立足未稳时，再以铁骑冲杀，从而取胜。苻融对此计划也深表赞同，于是就答应了谢玄的要求，指挥秦军后撤。但秦兵遭前大败，士气早已低落，结果一后撤就失去控制，阵势大乱。谢玄率领八千精兵趁势抢渡淝水，向秦军猛攻。秦军阵后也有人暗中大叫：“秦兵败了！秦兵败了!”秦兵信以为真，于是转身争相奔逃。苻融见情况不妙，急忙骑马前去巡视阵地，以图稳住阵脚，不料战马被乱兵冲倒，自己也被晋兵杀死。

失去主将的秦兵彻底崩溃，谢玄等乘胜追击，结果溃逃的秦军自相踩踏，死尸遍野，连淝水都堵塞不流了。剩下的人丢盔弃甲，仓皇而逃，以至于听到风声以及鹤的叫声，都以为是晋军追来。混战中苻坚本人也中箭负伤，逃回至洛阳时他的百万大军只剩下十余万了。

釜底抽薪 fǔ dǐ chōu xīn

解释 釜：古代做饭的炊具，盛行于汉代，相当于现代的锅。薪：柴火。把锅底的柴火去掉。比喻从根本上解决问题。

出处 《汉书·枚乘传》："欲汤之沧（cāng，凉），一人炊之，百人扬之，无益也，不如绝薪止火而已。"

例句 仅用单一的治安管理手段来治理市场，是扬汤止沸；用经济手段开发市场，建立有序的经济秩序，才能起到釜底抽薪的效果。

枚乘是西汉著名的文学家，江苏淮阴人，曾经做过吴王刘濞掌管诏策文书的郎中官。枚乘在刘濞发动七国叛乱前，曾上书谏阻他起兵，叛乱中，又劝谏他罢兵，吴王均不听从。后来，吴王的叛乱被平定，而枚乘也由此出名。

在谏阻吴王刘濞叛乱的奏疏中，枚乘说："有个人害怕自己的影子，讨厌自己的脚印，但是他反倒倒退着走，这样一来脚印更加多而影子也更加明显。他不知道依傍着阴处停驻不动，就会没有影子和脚印。要想不让别人听道，不如自己不说；要想不让别人知道，不如自己不做。想让热水变凉，假如一个人在烧火加热，即使有一百个人从锅里舀起开水再倒回去，以制止水的沸滚而让它变凉，也没有用，还不如停柴止火有效果。不懂得从那根本上解决问题，而只在细枝末节处考虑，就根本没有用处。"又说："种植和养殖这样的事情，虽然一时半会儿看不见种养的对象变高变大，但它总有变高变大的时候；积累美好的道德和品行，虽然一时半会儿看不见它的好处，但总有有用的时候；背弃信义和道理，虽然一时半会儿看不见它的坏处，但总有让您灭亡的时候。我希望大王您三思而后行，这些都是千百年都不变的道理啊。"吴王没有采纳他的意见，枚乘就离开他，去了梁国。

负荆请罪 fù jīng qǐng zuì

解释 负：背负。荆：荆条，可以作鞭。本指廉颇背着荆条向蔺相如请罪。后用来表示完全承认自己的错误，而向人赔礼道歉。

出处 《史记·廉颇蔺相如列传》："廉颇闻之，肉袒负荆，因宾客至蔺相如门谢罪曰：'鄙贱之人，不知将军宽之至此也！'"

战国时，廉颇为赵国大将。蔺相如本来地位很低，因完璧归赵有功，被封为上卿，地位在廉颇之上。廉颇说："我身为赵国的大将，有攻城野战的大功，而蔺相如只不过凭借动动嘴巴和舌头的功劳，官职就在我之上。再说蔺相如本身是个地位低贱的人，我真是感到羞耻，不能忍受位居他下。"扬言说："假如我见到相如，一定要羞辱他。"蔺相如听到这些，就不肯和他打照面，也常常称病不去上朝，不打算和廉颇争位次。

过了不久，蔺相如外出，远远地看见了廉颇，马上调转车头避开他。相如的家臣们都劝他说："我们之所以离开亲戚来侍奉您，是因为仰慕您崇高的义节。现在您和廉颇同朝为官，廉颇口出恶言，但您却害怕躲藏，恐惧得太过分了。就是普通人也会感到羞耻，何况身为将相的您呢？我们没有才能，请允许离开。"蔺相如坚决地挽留他们，说："你们看廉将军和秦王相比哪个厉害？"家臣们说："廉颇不如秦王。"相如说："像秦王那样厉害的人物，我都敢在他的朝廷上大声呵斥他，羞辱他的大臣。我再无能，难道会害怕廉将军吗？我考虑到，秦国之所以不敢侵犯赵国，只是因为有我们两人在。如果两只老虎相斗，势必不能同时存活。我这样做的缘故，是先考虑国家的困难，后考虑私人的恩怨。"

廉颇听到这些话，认识到了自己的错误，感到非常惭愧，就袒开衣服露出身体，背上荆条，到相如家请罪，说："我是个浅薄卑鄙的人，不知道将军的胸怀竟然宽广到这种程度。"于是两人和好，成为同生共死的好朋友。

甘拜下风 gān bài xià fēng

解释 甘：甘愿。拜：拜见。下风：风向的下方，比喻下位或劣势。本指甘愿以下位拜见。后用来比喻诚心佩服，自认不如。

出处 《庄子·在宥》："广成子南首而卧，黄帝顺下风，膝行而进，再拜稽首而问。"

例句 小明废寝忘食、争分夺秒地抓紧学习，取得了优异的成绩，对此同学们都甘拜下风。

这是庄子讲的一个故事，打算以此说明自在、宽容的道理。

黄帝作了十九年天子后，听说广成子已经通晓天地人生的大道，于是前往拜访，问道："我想获得天地的灵气，来帮助五谷的生长，养育百姓。我又希望能够主宰阴阳，从而使生灵随心成长。对此我该怎么办?"广成子说："你所想问的，是万物的根本；你所想主宰的，是万物的残留。自从你治理天下，云气不等聚集就下雨，草木不等枯黄就凋零，太阳和月亮的光亮逐渐地黯淡下来，而小人的心底还是那么褊狭。这种情况又怎么能一起谈论大道呢?"黄帝听后便退了回来，弃置朝政，独居静室，潜心静思，三个月后再次前往请教。

这次广成子头朝南躺在那里，黄帝顺着下位，跪着走到他跟前，叩头行礼，然后发问请教："怎样才能修养自身，活得长久?"广成子高兴地说："这次问得好啊。我告诉你，大道的精髓，就在于一定要保持宁静，不要使身体疲劳，不要使精神恍惚，这样才可以长生。"黄帝再次行了大礼，然后叩头至地，说："先生真可以说是和自然合二为一了。"

高山流水 gāo shān liú shuǐ

解释 比喻知音或知己。也比喻乐曲高妙。

出处 《吕氏春秋·本味》："伯牙鼓琴，钟子期听之，方鼓琴而志在太山，钟子期曰：'善哉乎鼓琴，巍巍乎若太山。'少选之间，而志在流水，钟子期又曰：'善哉乎鼓琴，汤汤乎若流水。'钟子期死，伯牙破琴绝弦，终身不复鼓琴，以为世无足复为鼓琴者。"

例句 美声歌唱家演唱的曲目往往是歌唱祖国或爱情的歌，是高山流水。因此，在演唱时需要保持一种端庄大方，严肃认真的姿态。

伯牙和钟子期是春秋时楚国人，伯牙善于弹琴，而钟子期善于欣赏琴音，他们是一对好朋友。传说伯牙跟著名琴师成连学琴，三年不成。后随成连到东海蓬莱，听见海水澎湃、林鸟悲鸣之声，心有所感，于是拿过琴弹奏，从此琴艺大进，终成天下妙手。又传说他弹琴时，能使马一反常态地昂起头吃饲料。伯牙弹

琴时心里想到泰山，将其融入琴音，钟子期能知其音而会其意，说："弹得好啊，巍峨雄壮得有如泰山！"片刻之后，伯牙想到流水，钟子期又说："弹得妙啊，浩浩荡荡有如流水！"钟子期死后，伯牙摔破古琴弄断琴弦，终身不再弹琴，认为世上再无值得自己为他弹琴的知音。

高屋建瓴 gāo wū jiàn líng

解释 建：通"瀽"，倾倒。瓴：装水的瓶子。本义指在高屋顶上倾倒瓶中的水。后用来形容居高临下，不可阻挡。

出处 《史记·高祖本纪》："（秦中）地势便利，其以下兵于诸侯，譬犹居高屋之上建瓴水也。"

例句 一部如此宏伟的历史传记影片，很需要这种高屋建瓴的导演构思。

汉王刘邦平定天下后，第二年十二月，有人上书举报楚王韩信谋反。刘邦询问左右大臣，最后采纳了陈平的计策，假称到云梦泽去巡游，在陈地会集诸侯，趁韩信前来迎接的时候拘捕了他。

大臣田肯前来祝贺，劝导刘邦说："陛下您擒得了韩信，又统治着关中秦地。秦地地形险固，得地势之利。它凭借山河形成的天然屏障，和其他地方相隔千里。假如关东地区用百万士兵来攻击，秦地只需两万兵力就可抵挡住。这是因为它地势便利，作战时可以采取由高处向低处进攻的态势，就像从高屋上往下倒水一样。而齐地，东方有富饶的琅邪和即墨，南方有险固的泰山，西方有黄河的阻隔，北方有渤海的优势，土地纵横两千里。假如远隔千里之外的地区用百万士兵来攻击，齐地只需二十万兵力就可抵挡住，因此秦地和齐地实际就是东西二秦。假如不是陛下的亲属子弟，就不能让他统治齐地。"高祖刘邦认为他分析得很好，对他厚加赏赐。

十几天后，刘邦赦免了韩信，另封他为淮阴侯，把他原来的王国领土一分而为荆、楚两个诸侯国，封皇子刘肥做了齐王。

各自为政 gè zì wéi zhèng

解释 各自按自己的主张办事。

出处 《左传·宣公二年》："畴昔之羊子为政，今日之事我为政。"

例句 库区内的各项建设均是统一安排实施，不允许各部门各自为政。

公元前607年，郑国受楚国的指派出兵攻打宋国。宋国派华元为主帅，带领宋军前往迎战。两军交战前，华元为了鼓舞士气，杀羊慰劳将士。但在忙乱中忘了给他的马夫羊斟分一份，羊斟没有吃到羊肉便怀恨在心。到了打仗的时候，羊斟对华元说："过去吃羊肉的时候，你说了算，今天驾驭战车的事，得由我说了算。"说完，他就故意把战车赶到郑军阵地里去。结果以主帅华元为首的二百五十人被郑军活捉，宋军大败。

后来，宋国人用兵车一百乘、良马四百匹到郑国去赎回华元。东西交了一半的时候，华元自己逃了回来。华元进入宋国城门的时候，先表明了自己的身份才进城。见到羊斟后，华元说："你的马不听使唤才这样的吧？"羊斟回答说："不是马，是人。"说完就逃到了鲁国。

功亏一篑 gōng kuī yī kuì

解释 亏：欠缺。篑：盛土的竹筐。本指堆九仞（古代长度单位，七尺为一仞）高的山，只差一筐土而未能成功。后用来比喻做一件事只差最后一点努力未能完成。多含惋惜之意。

出处 《尚书·旅獒》："夙夜罔或不勤，不矜细行，终累大德。为山九仞，功亏一篑。"

例句 实验已进入最后阶段，但因她的疏忽，最终功亏一篑。

远古的西周时代，武王战胜商纣以后，和众多的民族沟通了关系，疏通了道路。西方的戎族向周王进献了獒犬，太保（辅佐周王的职官）就趁机写了一篇《旅獒》，用来训导周王。其中讲：君王敬重德行，所以四周的民族都来归顺，不论远近，都贡献上他们的特产。有德的君主于是把这些珍宝异物赏赐给诸侯，向他们显示亲爱，让他们敬守国土。有道德的人不懈怠轻慢，不侮辱人、戏弄人，不做无用的事而妨害有用的事，不贪恋奇珍异宝，不轻贱日常用品，亲近贤人，爱惜才士。戏弄人就会丧失高尚的德行，玩弄物就会丧失进取之心。早晚都应保持勤勉，如果不注重小节，就会影响大德。比如修筑九仞高的土山，只差最后一筐土，而没有成功。如果您能实行上述所言，人们就能安居乐业，周家就可以世代为王。

狗尾续貂 gǒu wěi xù diāo

解释 貂尾在古代比较珍贵，是近侍官员的冠饰。有的朝代封官太滥，貂尾不够，就用狗尾代替它。本用来讽刺封爵太滥。后比喻以坏续好，前后不相称，多指文学艺术作品。

出处 《晋书·赵王伦传》："奴卒厮役亦加以爵位。每朝会，貂蝉盈坐，时人为之谚曰：'貂不足，狗尾续。'"

例句 有人曾论述过残缺特具的美，如维纳斯的断臂，是不可接续的，如硬去粉饰修复，只会显出狗尾续貂式的浅薄或暴发户式的俗不可耐。

西晋太熙元年（公元 290 年），晋武帝司马炎临终时任命杨骏为太傅、大都督，掌管朝政。晋武帝死后，继位的晋惠帝是个白痴，他的皇后贾南风为了让自己的家族掌握政权，于元康元年（公元 291 年）与楚王司马玮合谋，发动政变，杀死杨骏。但是政变之后政权却落在了汝南王司马亮和元老卫瓘手中，贾皇后政治野心未能实现。当年六月，贾皇后又派楚王司马玮杀掉司马亮，然后反诬楚王司马玮伪造诏命擅杀大臣，将其处死，贾皇后于是执政。

其后，统领禁军的赵王司马伦又联合齐王司马冏起兵废贾皇后。紧接着，永康元年（公元 300 年），赵王司马伦废惠帝自立。司马伦称帝后，对自己的党羽大肆封官加爵，那些曾经同谋的人都超越了正常的晋升次序，封官赏爵的数量不可胜计，连奴仆走卒也都封给爵位。以至于每次朝廷集会时，满座的人都戴的是貂尾装饰，配以蝉纹的官帽。当时的人讽刺说："貂尾不够，就用狗尾接续。"

瓜田李下 guā tián lǐ xià

解释 瓜田里弯腰穿鞋，李树下伸手整帽，有被怀疑为盗瓜窃李的可能。后用以比喻容易引起嫌疑的地方。

出处 《艺文类聚》卷四十一引三国魏·曹植《君子行》：“君子防未然，不处嫌疑间。瓜田不纳履，李下不整冠。”

例句 文学青年们巴结编辑，难免有瓜田李下之嫌。

曹植和曹丕都是曹操的儿子，是两个亲兄弟，但曹植的文才比哥哥曹丕要好。有段时间曹操很喜欢曹植，甚至有让他当太子的想法。但是曹植的政治谋略不及曹丕，因此最终曹丕继承了王位。因为发生过这样一段插曲，所以曹丕继位后曹植的处境非常难堪。曹植深知自己不利的处境，因此事事小心，这种态度在他的诗作里也有反映。《君子行》据说就是曹植作的一首古诗。全诗为：“君子防未然，不处嫌疑间。瓜田不纳履，李下不整冠。嫂叔不亲授，长幼不比肩。劳谦得其柄，和光甚独难。周公下白屋，吐哺不及餐。一沐三握发，后世称圣贤。”

这首诗说：“君子应当善于防患未然，不让自己处于嫌疑尴尬的境地。在瓜田里不要弯腰穿鞋，在李树下不要伸手整帽。大嫂和小叔子应当授受不亲，长者和晚辈不能并肩站立。勤劳谦恭是立身之本，才华内敛不露锋芒却难以做到。周公旦身居高位却亲和百姓，求贤顾不上吃饭，纳士顾不上洗头，因此才被后世称为圣贤。”

过河拆桥 guò hé chāi qiáo

解释 比喻达到目的后，就把曾经帮助自己的人抛开。

出处 《元史·彻里帖木儿传》："治书侍御史普化诮有壬曰：'参政可谓过河拆桥者矣。'"

例句 他不能在赚钱之后就过河拆桥，损害合作者的利益啊！

许有壬是元代著名的文学家和政治家。至元元年（公元1335年），皇帝元惠宗任命彻里帖木儿担任中书平章政事（相当于副丞相），刚刚上任的彻里帖木儿马上提议停止科举考试。许有壬在停止科举考试的诏书写好但还没有加盖皇帝玉玺的时候入朝争辩，和太师伯颜据理力争，认为如果停止了科举考试，天下的人才就会不满、怨望。

伯颜说："举子们大多因贪赃而失败，同时还常常作出假冒蒙古人、色目人的事情。"许有壬说："举子们不能说没有过错，但比起那些不读书而得官的人过错要很少。"伯颜又说："举子中可以任用的只有你一人罢了。现在通过科举来选拔人才，实在是妨碍选拔官员的方法。"许有壬回答说："除了我之外，许多举子都可委以重任，许多人的文章、才能都无人能比。通过科举的办法选取人才，比保举等其他方法强多了，而且选取的只是精良的少数，并不会对官员选拔构成障碍。如果真的废除科举，势必堵塞选贤任能之路。"

伯颜最终被说服，内心同意许有壬的话，但因停止科举的提议已经决定，不能中途停止。许有壬非常愤慨，对伯颜以及在座的彻里帖木儿说了许多牢骚话。第二天，正式宣读诏书时，彻里帖木儿特地命令许有壬站在最前面听命，以羞辱和折服他。许有壬担心遭祸，只得勉强服从。不明就里的同僚普化于是讥讽许有壬说："你可真称得上是过河拆桥的人啊。"后来彻里帖木儿受到皇帝和太师伯颜的厌恶，被贬出京城，死在了外地的任所。

含沙射影 hán shā shè yǐng

解释 比喻暗中诽谤中伤他人。

出处 《搜神记》卷十二："汉光武中平中，有物处于江水，其名曰'蜮'，一曰'短狐'，能含沙射人。所中者则身体筋急，头痛，发热；剧者至死。"

例句 她中伤别人，却又不明明白白地举出姓名和实证来，只用了含沙射影的口气，实在令人气愤。

古代传说，水中有一种叫蜮（yù）的怪物，形状像鳖，有三只脚。因为口中生有一条横肉，形状像弓弩，所以又叫水弩、射工。它生活在南方地区的水中，听到有人在岸边或水上经过，就口含沙粒从距离人两三步远的地方射人或射人的影子。人如果被射中就会生疮，而且十之六七都会死掉；如果被射中影子，也会生场大病。

《搜神记》是我国古代的一部小说集，专门记录民间传说中神奇怪异的故事。其中就说到，在东汉光武帝刘秀中平年间，长江中生长着"蜮"这种怪物，百姓又叫它"短狐"，能够嘴里含着沙石来喷射人。被射中的人常常会抽筋，头痛，浑身发热，厉害的甚至会要人命。

汗流浃背 hàn liú jiā bèi

解释 浃：遍，满。指汗出得多，湿遍脊背。也常用来形容极度惶恐或惭愧。

出处 《后汉书·皇后纪下·献帝伏皇后》：“（曹）操出，顾左右，汗流浃背，自后不敢复朝请。”

例句 我们一抵达曼谷机场，立即被扑面而来的热浪包围，个个汗流浃背，真正领略到了泰国的热。

东汉末年，汉献帝迁都到了许昌。但从此开始，皇帝只是空守皇位而已，皇帝的护卫和侍从，没有一个不是曹操的朋党、故旧、姻亲。议郎赵彦曾经向汉献帝陈述时弊，提出自己的对策，遭到曹操的憎恶而被杀害。类似的事情很多，汉献帝和许多老臣都非常气愤，但又无可奈何。

曹操有一次因事进入殿中见汉献帝，汉献帝忍不住内心的气愤，对他说：“你若能辅佐我，就好好地对待我；若不然，请你开恩把我废了吧。”曹操听了大惊失色，跪地恳求，请求让自己出去。因为汉代旧有的制度规定，三公佩戴兵器朝见天子时，要命令虎贲勇士持刀挟持在他的两侧。曹操出殿之后，环顾左右，已经吓得汗水湿遍了脊背。从此以后，曹操再也不敢前去当面朝见汉献帝了。

在《汉书·王陵传》中还有一个与之相似的“汗出洽背”。讲的是西汉初，陈平和周勃诛杀了吕氏，保全了汉室，立刘恒为汉文帝。陈平认为周勃在平定诸吕中功劳最大，就建议文帝拜周勃为右丞相，自己退居左丞相。过了一段时间，文帝亲政时问周勃：“天下一年判决多少犯人？”周勃答不出来。文帝又问：“国家一年的收支情况如何？”周勃又答不出来，以至于“汗出洽背”。文帝这时就问陈平，陈平的回答让文帝很满意。罢朝后，周勃觉得自己确实不如陈平，就辞掉了官位，由陈平一人当丞相，总理国家大事。

汗马功劳 hàn mǎ gōng láo

解释 汗马：战马奔走而出汗。原指征战的劳苦，亦指战功。

出处 《韩非子·五蠹》："弃私家之事而必汗马之劳，家困而上弗论，则穷矣。"

例句 "两弹元勋"邓稼先，为我国的国防现代化事业立下了汗马功劳，值得我们永远纪念。

韩非在《五蠹》中说，老百姓一般的心态都是趋向安全、得利而逃避危险、困窘。现在的状况是，他们攻城作战，前进就会被敌人打死，后退又会被刑法处死，所以处境危险。如果他们抛弃私人家庭的事情而来追求建立战功，家庭穷困君主却不过问，那就处境困窘。困窘、危险存在的地方，民众怎能不逃避呢？所以民众就宁愿给私门贵族做事，干修缮房屋之类的杂役。当房屋修缮好了也就远离了战争，远离了战争也就安全了。用财物去依附当权的人，要求能得到满足。要求得到满足了私人就安乐，私人安乐就是利益所在。安乐利益所在的地方，民众怎么不趋向呢？因此现在为国家出力的人少而为私人出力的人多。

后顾之忧 hòu gù zhī yōu

解释 顾：回头看。泛指来自后方的或家里的忧患。

出处 《魏书·李冲传》：“朕以仁明忠雅，委以台司之寄，使我出境无后顾之忧，一朝忽有此患，朕甚怀怆慨。”

例句 徐虎的妻子表示全力支持丈夫，不让他有后顾之忧。

李冲是南北朝时北魏名臣，他小的时候父亲就死了，由长兄荥阳太守李承抚养。李承经常说：“这个小弟弟的器量不凡，应当给予厚望。”当时州牧郡守的子弟常常侵扰百姓，随意索要财物，只有李冲和李承的儿子清静简朴、行为高洁，被当时的人所赞赏。

李冲担任官职后，办事机敏，性格柔顺，逐渐得到了皇帝的宠信。因为成功推行户籍和赋税制度改革，利国利民，又受到太后的恩宠。身居要职后，李冲不计个人好恶，秉公处事，得到大家的好评和信任。

当时有个叫李彪的人，孤立无助但自强不息，能不随众媚俗。因为李冲尊敬读书人，李彪就一心依附李冲。李冲也看中李彪的学问，就谦虚有礼地接纳他，常向皇帝推荐，在公私事务上都尽力帮助。等李彪担任高官后，也受到皇帝的信任和喜爱，便认为不必再理会李冲，对李冲不再尊敬。李冲对此非常气愤，便在皇帝南征时将李彪逮捕。李冲性格一贯柔和宽厚，可一旦暴怒，就会突发慌乱惊悸的病症。面对李彪，李冲盛怒难忍，怒睁双眼，大声叫骂，狂病突发，十多天后去世，当时只有四十九岁。

皇帝回京后，与大臣们谈起李冲，痛惜地说：“李冲总理朝政，清廉简朴，仁爱明智，忠诚高尚。我因为这些，把朝廷的权力都委托给他，使我跨出国境南征时没有任何来自后方的忧患。现在他忽然这样，让我一想到都觉得无限悲怆与感慨。”

后来居上 hòu lái jū shàng

解释 本指资格浅的大臣反居资格老的旧臣之上。后泛指后来的超过先前的。

出处 《史记·汲郑列传》："陛下用群臣，如积薪耳，后来者居上。"

例句 由于在冶铸技术方面的发明和创新，中国的冶金业很快就后来居上，跃升于世界的前列，并为中国古代文明的高度发达奠定了坚实的物质基础。

汲黯是西汉有名的敢于直谏的大臣。他崇尚黄老思想，喜欢清静无为，处理政事只讲大的原则，而不苛求小节。他同情百姓疾苦，为人严肃，刚直不屈，被皇帝称为"愚直"。汲黯屡次因为直言进谏而丢官，又屡次因为能坚持原则而受到皇帝的尊敬。不过，汲黯的心胸并不够豁达。当初汲黯位居九卿的时候，公孙弘、张汤等人还只是小官。后来这些人都显贵起来，和汲黯同居高位，汲黯就说过他们的坏话。再后来，公孙弘升为丞相，封为列侯，张汤升为御史大夫；从前汲黯的手下也都升迁到和他同列，有的还被重用，地位超过了汲黯。这样，汲黯就产生了一些怨恨。他在朝见皇帝时说："陛下您任用群臣就像堆放柴草一样，后来的反倒摆放在上头。"皇上默不作声。过了一会汲黯退下后，皇上说："做人确实不可以不学无术，看看汲黯说的这些话，他真是一天比一天过分了。"

后来，汲黯犯了小罪，被皇帝罢了官，汲黯就隐居到了乡下。几年后，因为淮阳郡难以治理，皇上又想起了汲黯，就任命他担任淮阳太守。在汲黯的治理下，淮阳变得政事清明，受到百姓和同僚的尊敬。七年后，汲黯死在了淮阳太守任上。

后起之秀 hòu qǐ zhī xiù

解释 后辈中的优秀人物，或后来的青年有为者。

出处 《世说新语》："范豫章谓王荆州：'卿风流俊望，真后来之秀。'"

例句 文艺界涌现出一批后起之秀，这是文艺事业兴旺发达的标志。

范宁是东晋著名经学家，《后汉书》作者范晔的祖父，曾担任豫章太守，所以又称范豫章。他所撰写的《春秋穀梁传集解》，是现存最早的《春秋穀梁传》的注解，被清代阮元收入《十三经注疏》，直到今天都有非常大的影响。

王忱是范宁的外甥，字符达，二十岁时就已经非常出名，曾经担任骠骑长史。有一次，王忱前去拜访舅舅范宁，在范宁家遇到了张玄，范宁就让他和张玄叙谈。张玄正襟危坐，等王忱前来谈话，但左等右等，就是不见王忱来搭腔。张玄于是失望离开。范宁责备王忱说："张玄是吴地的俊杰之士，你怎么不和他说话呢？"王忱笑着说："张玄如果打算认识我，他自己会来见我。"范宁说："你风流儒雅、名声不错，算是后辈中的优秀人物。"王忱说："没有您这样的舅舅，哪里会有我这样的外甥！"过了不久，范宁派人把这事告诉了张玄，张玄于是整顿装束，正式前去拜访王忱。从此以后，王忱和张玄才经常有了往来。

后生可畏 hòu shēng kě wèi

解释 后生：后辈、下一代。指青年势必超过前辈，令人敬畏。

出处 《论语·子罕》："后生可畏，焉知来者之不如今也。"

例句 你年纪轻轻就做出这么大的成就，真是后生可畏啊！

孔子说："青年势必超过前辈，令人敬畏，怎么知道将来还不如现在呢？如果四五十岁还没有名声的话，也就不值得害怕了。"北宋经学家邢昺注释说："年轻人完全可以通过积累学行，成就道德，他们确实令人敬畏，哪里知道日后他们这些年轻人的道德文章会不如今天的我呢？如果年少时不积累学行，成就道德，到了四十岁、五十岁还没有什么名声，这时候即使打算硬着头皮来充电，也终究成就不了大的道德，所以已经不值得害怕了。"

孔子的这句话强调了两个方面，一是强调学习的重要性；二是强调学以致用的重要性。后生可畏，前提是后辈、下一代应该首先受到良好的教育，教育搞得好，青年人的前途才会一片光明；同时，青年人必须在年少时就进行不懈的努力，只有这样才能超越现在。如果到了四五十岁还一事无成的话，那就说明教育没有成功或者自身没有努力，已经没有什么希望了。

囫囵吞枣 hú lún tūn zǎo

解释 囫囵：完整，整个儿。把枣子整个吞下。后多用来比喻在学习上不作分析、选择，糊里糊涂笼统地加以接受。

出处 元·白珽《湛渊静语》："客有曰：'梨益齿而损脾，枣益脾而损齿。'一呆弟子思久之，曰：'我食梨则嚼而不咽，不能伤我之脾；我食枣则吞而不嚼，不能伤我之齿。'狎者曰：'你真是囫囵吞却一个枣也。'"

例句 许多人都有过小时候被逼着背诵唐诗宋词的经历，虽然当时只是囫囵吞枣，不明其意，未知其好，但天长日久之后，它们浸染了一个人的文化素养，滋润了一个人的心灵。

白珽，字廷玉，是元代著名的书法家和诗人。晚年归隐西湖栖霞岭下，因门前有泉，故题其居室名为"湛渊"，并以此作为自己的号，《湛渊静语》是他的文集。其中记载了"囫囵吞枣"的故事：有个人说："吃梨子对牙齿有好处，但是会损害脾胃；吃枣子对脾胃有好处，但是会损害牙齿。"一个呆傻的弟子把这话想了很久，然后说："我吃梨的时候只咀嚼而不往肚子里咽，就不会损害我的脾胃；我吃枣的时候只整个吞而不咀嚼，就不会损害我的牙齿。"有个爱开玩笑的熟人说："你真是囫囵吞掉了一颗枣啊！"

狐假虎威 hú jiǎ hǔ wēi

解释 狐狸借助老虎的威风吓走百兽。后用以比喻倚仗别人威势来欺压人。

出处 《战国策·楚策一》：“虎求百兽而食之，得狐。狐曰：‘子无敢食我也。天帝使我长百兽，今子食我，是逆天帝命也。子以我为不信，吾为子先行，子随我后，观百兽之见我而敢不走乎！’虎以为然，故遂与之行，兽见之皆走。虎不知兽畏己而走也，以为畏狐也。”

例句 你们不能打着领导干部的旗号，狐假虎威，谋取私利。

一天，楚宣王问他的大臣：“我听说北方少数民族非常害怕咱们国家的大臣昭奚恤，不知他到底怎么样？”大臣们没有人回答。江一于是讲了个故事，说：“有只老虎到处找各种野兽作为自己的美味佳肴，有一天，它抓到了一只狐狸。狐狸说：‘你不敢吃我。天帝派我管理天下的野兽，今天你要是吃了我，就是违背了天帝的命令。你要是认为我说的话不可靠，我可以走在前面，你跟在我后面，咱们来看看野兽们见了我之后有没有胆敢不逃走的！’老虎认为它说得有道理，于是就和它一起往前走，野兽们见到它们后都逃走了。老虎不知道野兽们其实害怕的是自己，还以为它们真的害怕狐狸。”江一通过这个故事暗示，昭奚恤其实就如同那只狐狸，只不过借助老虎而施展自己的威风，本身并不如传说中的那么厉害。

华而不实 huá ér bù shí

解释 华：开花。实：结果实。只开花不结果。比喻外表好看，内容空虚。

出处 《左传·文公五年》："且华而不实，怨之所聚也。"

例句 今年中秋，精明的消费者已开始嫌弃那些包装华而不实、价格昂贵的月饼，但包装上的过度甚至近乎荒唐的行为并没有绝迹。

春秋时期，晋国的阳处父到卫国出访，回国时路过宁地，宁嬴愿意跟着他做随从。但是宁嬴刚走到温地就回来了。宁嬴的妻子问原因，宁嬴回答说："他太刚直了。《商书》上说：'深沉的人要用刚强来克服，爽朗的人要用柔弱来克服。'那个人只具备其中之一，恐怕不能善终。上天纯阳，属于刚强的德性，尚且不触犯寒暑四时运行的次序，何况人呢？再说外表好看内容空虚，就会聚集怨恨。触犯别人同时又聚集怨恨，就不能够安定自身。我害怕跟着他不但得不到好处反而会遭遇到祸患，因此才离开他。"

公元前621年春，阳处父认为赵盾能干，通过异地阅兵的方式，换掉了原定的中军主帅狐姑射，让赵盾担任这一重要职务，从而使赵盾执掌了赵国国政。八月份，国君晋襄公死了，在拥立新国君一事上，大臣贾季和赵盾发生矛盾。贾季拥戴公子乐，赵盾拥戴公子雍。在斗争中，赵盾派人杀死了公子乐，彻底断绝了贾季的希望。贾季怨恨阳处父曾经帮助赵盾，使得自己的地位不如赵氏，又知道阳处父在晋国没有什么后援，就派人把他杀死了。

画饼充饥 huà bǐng chōng jī

解释 比喻徒有虚名，无补于实用。也可比喻以空想自慰。

出处 《三国志·魏志·卢毓传》：“选举莫取有名，名如画地作饼，不可啖也。”

例句 算命先生算出的东西，犹如画饼充饥，是作不了数的。

卢毓是三国时期魏国大臣，以忠言直谏著称，曾担任主管选拔官员的吏部尚书。每逢朝廷重要岗位缺员，皇帝都要卢毓来提出候选人。

有一次，朝廷需要推举中书郎。当时诸葛诞、邓飏等人名声很大，但是魏明帝觉得他们华而不实，很讨厌他们。明帝于是下诏说：“能否得到合适的人选，就要看卢毓的了。挑选、举荐的人不要只取有名的，名声就像画在地上的饼子，不能拿来吃。”卢毓回答说：“名声不足以招来奇异的人才，但可以得到普通的人才。普通的人才服从教化，仰慕善事，然后才有了名声，不应该厌恶他们。不过，现在考察官员时只根据人们的毁誉来升迁或降免官职的做法确实弊病很多。”明帝认为他说的很有道理，马上采纳了他的意见，下令制定了官员任免考核制度。

卢毓品评以及选拔、荐举人才时，总是先举出他们的性格品行，然后才说他们的才干。有人问他为什么要这样做？卢毓回答说：“只有品行好的人才会做好事。对有品行的人来说，才干大能作出大好事，才干小会作出小好事。但是现在社会上号称有才干的人却不做好事，那么我认为这样的才干是没有用的。”卢毓的这番见解得到了大家的认同。

画地为牢 huà dì wéi láo

解释 相传上古时刑律宽缓，在地上画圈，令罪人立圈中以示惩罚，就像后代的监狱。后用来比喻将行动限定在某种范围内，不得逾越。

出处 西汉·司马迁《报任少卿书》："故士有画地为牢，势不可入，削木为吏，议不可对，定计于鲜也。"

汉武帝时，发生过一场征讨匈奴的战斗，由汉武帝爱妃的哥哥贰师将军李广利指挥，李陵带领五千人作为先锋。战斗初期，李陵所部横扫匈奴，非常顺利，以至于孤军深入匈奴腹地。匈奴王单于非常害怕，发动全国可以拉弓射箭的人，一起围攻李陵。最终李陵因为弹尽粮绝，援兵无望而被迫投降。李陵投降前，捷报频传，朝廷官员也都尽拣皇帝爱听的话说。李陵兵败投降的消息传来后，大家又异口同声地贬损李陵。当时司马迁正担任汉武帝的太史令，汉武帝就问他对这事的看法。司马迁根据平时的观察和对战场情况的分析，说李陵不是一个贪生怕死的人，他的投降是因为救兵没有按时赶到造成的。汉武帝听到这样的回答勃然大怒，认为司马迁是在诋毁李广利，就将他交给大理寺审讯，结果被判宫刑。

司马迁遭受宫刑后改任中书令，他在给任少卿的一封回信中述说了自己的不幸遭遇和悲愤心情。其中说道：猛虎在深山中的时候，百兽都害怕，等到被关进笼子，就会摇着尾巴乞求食物，这是因为威势被逐渐约束的结果。对于士大夫们来说，尤其不能被关进牢房消磨掉自己的气节，所以即使地上画个圈作为牢房，也不可进入，即使削个木人作为审判的官吏，也不可面对，应该在刑法加身前早早自杀，以免遭受屈辱。自己之所以接受宫刑而没自杀，是因为《史记》还没有写完的缘故。

画龙点睛 huà lóng diǎn jīng

解释 画好龙的肖像后再给它画上眼睛。后比喻写作或说话时在关键处用精辟的词句点明要旨，使内容更加生动有力。

出处 唐·张彦远《历代名画记·张僧繇》："武帝崇饰佛寺，多命僧繇画之。时诸王在外，武帝思之，遣僧繇乘传写貌，对之如面也……又金陵安乐寺四白龙，不点眼睛，每云：'点睛即飞去。'人以为妄诞，固请点之。须臾，雷电破壁，两龙乘云腾去上天，二龙未点睛者见在。"

南北朝时梁朝的梁武帝萧衍尊崇佛教，广修寺院。据唐代张彦远《历代名画记》记载，张僧繇在当时很有政治地位和远见，又是著名的画家，梁武帝修饰佛寺的时候往往让他在墙壁上作画。当时梁武帝已经分封出去的儿子们都不在自己身边，武帝很想念他们，就派张僧繇到各位王子的封地去描摹他们的画像，以便自己看见画像就像见面一样。当时江陵有座天皇寺，是明帝萧鸾设立的，寺里有座柏堂。张僧繇在柏堂里画了卢舍那佛的佛像以及孔子等十位哲人。梁武帝觉得奇怪，就问他："佛门内为何要画孔圣人呢？"张僧繇回答说："这座寺庙以后还得依赖孔圣人的画像来保存呢。"等到后周时代朝廷废灭佛法，烧光了天下所有的寺庙和佛塔，只有这座殿堂因为有孔子的画像所以没有下令拆毁。又记载说，金陵有座安乐寺，张僧繇在里面画了四条白龙，但没有给它们画眼睛。他常说："如果一旦画上眼睛，白龙就会飞走。"人们以为不可能，一定要他画上眼睛。果然，当张僧繇给其中的两条白龙画上眼睛后，天空开始电闪雷鸣。不久，雷电击穿了墙壁，这两条龙腾云驾雾飞上了天，而另外两条没有画眼睛的龙一直还保留在墙上。

画蛇添足 huà shé tiān zú

解释 画好蛇后又添画上脚。比喻做多余的事，反而有害无益。

出处 《战国策·齐策二》："楚有祠者，赐其舍人卮酒。舍人相谓曰：'数人饮之不足，一人饮之有余，请画地为蛇，先成者饮酒。'一人蛇先成，引酒且饮之，乃左手持卮，右手画蛇曰：'吾能为之足。'未成，一人之蛇成，夺其卮曰：'蛇固无足，子安能为之足？'遂饮其酒。为蛇足者，终亡其酒。"

例句 他对于圆明园遗址的意见，大致有两条：一、遗址就是遗址，要保存原状，不要画蛇添足，或改或造；二、废墟有废墟的美，要学会欣赏，这也是文化素养。

楚国有一家人进行祭祀，主人给他的手下赏赐一大杯酒。手下们说："这一大杯酒，几个人喝的话不够喝，一个人喝的话又喝不完，不如我们比赛在地上画蛇，谁先画好，酒就归谁喝。"有一个人先画好了，拿起那杯酒要喝，他左手端着杯子，右手再来画蛇，并说："我能给这条蛇画上脚。"蛇脚还未画好，另一个人画完了蛇，夺过他手里的杯子说："蛇本来就没有脚，你哪里能给它画出来呢？"于是喝了那杯酒。那个给蛇添脚的人最终也没有喝到本该自己能喝的酒。

战国时，楚国大将昭阳接连攻克魏国八座城池后移兵伐齐。齐王派陈轸出使游说昭阳。陈轸见了昭阳后，先向他道贺连克八城之功，接着便问："按楚国法令，你的这些功劳，能被封为什么官爵？"昭阳说："能被封为上柱国（楚国次于宰相的官职）。"陈轸说："比上柱国更大的官是什么？"昭阳说："只有令尹（宰相）了。"陈轸问："可是楚国会设两个宰相吗？"接着就打比方，讲了"画蛇添足"的故事给他听。

讲完故事后，陈轸接着说，您已帮楚王打败魏国，以此获得的名利已经足够了。再打齐国，就跟画蛇还要添足一样，说不定还会性命不保。昭阳听完陈轸的话，觉得很有道理，就撤兵回国了。

讳莫如深 huì mò rú shēn

解释 讳：隐瞒。深：指事件重大。本指必须把这事隐瞒起来不说。后多用来指把事情瞒得很紧，不肯走漏一点消息。

出处 《穀梁传·庄公三十二年》：“公子庆父如齐。此奔也，其曰‘如’，何也？讳莫如深，深则隐。苟有所见，莫如深也。”

例句 不知什么缘故，他对那件事总是讳莫如深。

庆父是春秋时期鲁国国君鲁桓公之子，鲁庄公庶兄。庄公即位后，庆父专权。庄公死后无嫡子，有人推荐由庆父继位，但最终由子般继位。子般在位不满两个月，就被庆父派人杀掉，重新立子开为君，即为鲁闵公。闵公二年，庆父打算废掉闵公自立为君，就又派人杀掉闵公。这一下惹怒了鲁国民众，大家群起反对庆父，打算攻杀他。庆父害怕了，就逃到了莒地。后来莒人接受鲁国人的钱财贿赂，把庆父送回了鲁国。庆父请求鲁国赦免自己的罪过，没有获得允许，于是自缢而死。

庆父逃到齐国莒地的事情，《春秋》上记为：“公子庆父如齐。”“如”是动词，“到、往”的意思。《穀梁传》解释说，庆父明明是逃亡到了莒，为何不用表示逃亡的“奔”而用“如”呢？是因为庆父接连杀掉了两个国君，没有什么罪过比这更大，提起来都让人心痛，只好替他加以隐讳。

祸起萧墙 huò qǐ xiāo qiáng

解释 萧墙：宫室内当门的小墙。指祸乱出自内部。

出处 《论语·季氏》：“吾恐季孙之忧，不在颛臾，而在萧墙之内也。”

例句 明太祖朱元璋刚刚去世，就祸起萧墙，发生了一出叔侄争位的闹剧。

颛臾（zhuān yú），古国名。西周初期，周成王让颛臾国担任祭祀蒙山的主祭。由于颛臾国小势弱，到了春秋初期就变成了鲁国的附庸，最终被秦所灭。

春秋时期，把持鲁国国政的季氏准备讨伐颛臾。当时孔子的两个学生冉有、子路在季氏手下做官，他们去见孔子，说：“季氏将要讨伐颛臾。”孔子说：“颛臾只主持东蒙山的祭祀，而且它在鲁国的疆域之内，是鲁国的附庸，为什么要讨伐呢？”冉有说：“是季氏要这样，我们俩都不愿意的。”孔子说：“过去有人说过：‘没有能力就不去担任职位，要是担任了职位就要去贡献力量。’你们没有尽到辅佐者的责任。”冉有又说：“颛臾城城墙坚固，而且接近季氏的封地，现在不夺取它，以后一定会成为子孙后代的忧患。”孔子说：“君子痛恨那种隐瞒自己的贪欲，做了坏事还要为之辩解的人。我曾听说，拥有封国的人，不担忧贫困而担忧不公平，不担忧财物不足而担忧不安定。因为公平了就没有贫困，谐和了就不会财用短缺，安定了就不会覆败。做到这些了，如果远方的人还不归服，就整修自己的文德让他们羡慕而来，来了就让他们安定地生活。现在你们两人辅佐季氏，边远之地的人不归服你们不能招来，国家四分五裂而不能进行保护，反而打算在国家内部进行战争。我恐怕季氏的忧患，不在颛臾，而在于季氏集团内部。”

鸡鸣狗盗 jī míng gǒu dào

解释 本指学雄鸡啼鸣，装狗进行偷窃。现多用来形容行为低下卑劣。

出处 《史记·孟尝君列传》："最下坐有能为狗盗者，曰：'臣能得狐白裘。'乃夜为狗，以入秦宫藏中，取所献狐白裘至，以献秦王幸姬。……客之居下坐者有能为鸡鸣，而鸡齐鸣，遂发传出。"

例句 这个家伙不学无术，结交的朋友也都是些鸡鸣狗盗之徒。

孟尝君田文是齐国宗亲大臣，战国四公子之一。齐愍王二十五年（公元前 299 年），齐愍王派孟尝君出使秦国。秦昭王听从大臣的建议，将孟尝君囚禁起来，打算杀掉他。孟尝君设法派人求见秦昭王的宠妃，请她帮忙。这个宠妃说："我想得到孟尝君的白裘皮袍子。"不巧孟尝君这件天下无双的袍子已经在刚到秦国时献给了秦昭王。孟尝君为此非常忧虑，问遍了门客，也没有人能提出对策。这时，坐在最后面的一个门客，这人平常善于装成狗去偷窃，说："我有办法弄到这件袍子。"然后在夜里装成狗，溜进秦宫仓库，偷出了那件白裘袍，献给了秦王的宠妃。宠妃替孟尝君说情，秦昭王释放了孟尝君。

孟尝君获得自由后马上驱车离开秦国。不一会儿，秦昭王后悔放掉了孟尝君，马上派人去追。孟尝君星夜兼程，半夜走到了函谷关。当时关防法令规定，鸡鸣后才可以放来往客人出关。孟尝君害怕追兵赶来，这时门客中有个地位低下的人能够模仿鸡叫，他一叫，许多鸡一起叫了起来，于是孟尝君交验出关凭证，才出了关。他们出关刚刚一顿饭工夫，追兵就赶到了。孟尝君靠着鸡鸣狗盗之士逃回了齐国。

见利忘义 jiàn lì wàng yì

解释 看到私利，就忘记了道义。

出处 《汉书·郦商传赞》：“当孝文时，天下以郦寄为卖友。夫卖友者，谓见利而忘义也。”

例句 吕布是三国勇士，但他的同乡都认为他勇而无谋，见利忘义。

郦商是汉高祖刘邦平定天下时的勇将。刘邦死后，郦商又继续服侍汉惠帝和吕太后。吕太后死后，吕氏家族的人准备谋反，大臣们谋划诛杀吕氏。当时，吕家的重要人物吕禄担任京城卫戍部队北军的首领，驻扎在营中，所以大臣们无法控制北军。太尉周勃就派人劫持郦商，命令他的儿子郦寄去诱骗吕禄，因为郦寄和吕禄关系非常要好。吕禄听信了郦寄的话，跟他外出游玩，周勃才得以进入北军军营，进而控制军队，诛灭了吕氏。当时天下之人都说郦寄出卖了朋友。

东汉的班固不太同意这种看法，他在为郦商父子写完传记后评论说：“在孝文帝时，天下之人都认为是郦寄出卖了朋友。所谓出卖朋友，指的是见利忘义。像郦寄的父亲本身是汉家的功臣，同时又被劫持。郦寄的做法，虽然害了吕禄，却安定了国家，保存了君臣之道和父子之道，这也是无可厚非的。”

见异思迁 jiàn yì sī qiān

解释 迁：改变。指看见别的事物，就改变原来的主意。形容意志不坚定，喜爱不专一。

出处 《管子·小匡》："少而习焉，其心安焉，不见异物而迁焉。"

例句 见异思迁、用心不专是从事科研和专业技术工作的大忌。

春秋时期，齐桓公继位为君后，任命鲍叔为宰相，但是鲍叔认为管仲比自己更合适，就坚决让位给管仲。于是齐桓公亲自到郊外迎接管仲，向他询问如何治理礼崩乐坏、百废待兴的国家。管仲认为首先应当树立百姓的楷模，制定合理一贯的税收，使政民和谐、赏罚严明、尊卑有序。桓公又问："如何成就百姓的事业?"管仲说："对于士农工商四种百姓，不能让他们混杂地住在一起。假如混住，他们的语言就混杂了，所从事的职业也就会改变。具体说来，就是把士安顿在清静的地方，把工安排在靠近官府的地方，把商安排在靠近集市的地方，把农安排在靠近田野的地方。"

管仲认为："把士集中起来居住在环境清静的地方，就会做父亲的与做父亲的在一起谈论义，做儿子的与做儿子的在一起谈论孝，为君主服务的人在一起谈论恭敬之道，年轻的人在一起谈论友爱之道。人们年少的时候耳濡目染的是这些，他们的心也就安于这些，不会看到别的行业而改变心思转行。这样，父兄们的教育不必急切却能教好，子弟们的学习不必劳累而能学成，结果士人的儿子总是士人。"对于其他农工商三种人，管仲也都采取集中居住的办法，让他们的心安于自己从事的职业，不因看到别的行业而转行。管仲随后又制定了国家的各项制度，使齐国走上强国之路，最终成为春秋时期的霸主。

江郎才尽 jiāng láng cái jìn

解释 江郎：南朝梁代的江淹。本指江淹少有文名，但到了晚年诗文却无佳句。后来常用以比喻才思枯竭或本领用尽。

出处 南朝梁·鍾嵘《诗品》卷中："淹探怀中，得五色笔以授之。尔后为诗，不复成语，故世传'江淹才尽'。"

例句 一个勤奋而又虚心好学的作家，是不会江郎才尽的。

江淹是南北朝时期南朝人，历仕南朝宋、齐、梁三代，为官清正，不避权贵，直言敢谏，可算作当时有名的政治家。不过江淹更出名的是他的文学才能。江淹六岁即能作文，是南朝辞赋大家，与鲍照并称，其《恨赋》《别赋》与鲍照的《芜城赋》《舞鹤赋》可说是南朝辞赋的代表。江淹又是南朝的骈文大家，是南朝骈文中最有成就的作家之一，与鲍照、刘峻、徐陵齐名。江淹最为知名的骈文当数他在狱中写给建平王刘景素的《诣建平王书》。这篇文章辞气激扬，不卑不亢，真情实感流注于字里行间。建平王刘景素看后深受感动，立即释放了他。江淹早年仕途不顺，坎坷的经历造就了他的文学成就。中年以后，江淹官运亨通，富贵安逸的环境，却使他才思减退。到齐武帝永明后期，他就很少再有佳作，所以当时人称他是"江郎才尽"。

南朝梁代的鍾嵘在《诗品》卷中曾经记载了有关江郎才尽的一个传说。当初，江淹结束在宣城郡的任职回家时，晚上住在冶亭，梦见一个风流潇洒的男子，自称郭璞，对他说："我有一支笔在你那里很多年了，现在可以还给我了。"江淹于是把手伸到怀里，摸出一支五色笔来还给郭璞。从此以后江淹写诗，再也写不出好句子。所以世上流传说"江淹才尽"。

金蝉脱壳 jīn chán tuō qiào

解释 金蝉：蝉的美称。蝉在成虫时要脱去以前的壳。后用来比喻趁对方暂时尚未察觉，而制造或利用假象，趁机逃脱。

出处 元・马致远《任风子》第四折："天也，我几时能够金蝉脱壳?"

例句 等警察包围那个匪巢时，匪徒们已用金蝉脱壳之计溜走了。

元代著名剧作家马致远的《任风子》一剧，写神仙马丹阳度化屠夫任风子的故事。真人马丹阳夜间观气，得知终南山甘何镇有一位姓任的屠户，号风子，有半仙之称，于是便到镇上点化他。马丹阳准备先点化全镇之人断荤食素，以便迫使屠户买卖做不起来，趁任风子前来报复时再引导他入道。任风子后来果然如此行事，他持刀来到草庵，要杀马丹阳，却反被马丹阳的护法神所杀。他向马丹阳索要头颅，马丹阳让他自己摸摸，头仍在自己身上，于是猛然醒悟，自愿随真人出家。马丹阳命他担水浇菜园，诵经修道，他的老婆带着孩子来找他，他又在菜园中摔死了幼子，休弃了娇妻。马丹阳见他功行将至，打算再叫他看清尘世俗事的真相，然后引渡他归于正道。于是幻化出他摔死的小孩来杀他，任风子在小孩让他交出自己的头颅时说："老天啊，我什么时候才能金蝉脱壳?"最终，任风子尽去酒、色、财、气和人、我、是、非对修行的羁绊，修成了正果。

惊弓之鸟 jīng gōng zhī niǎo

解释 本指曾经受过箭伤，听到弓弦声而受惊堕落的鸟。比喻受过惊吓，再遇到类似情况就会惊惶害怕的人。

出处 《战国策·楚策四》："更羸与魏王处京台之下，仰见飞鸟。更羸谓魏王曰：'臣为王引弓虚发而下鸟。'魏王曰：'然则射可至此乎？'更羸曰：'可。'有间，雁从东方来，更羸以虚发而下之。魏王曰：'然则射可至此乎？'更羸曰：'此孽也。'王曰：'先生何以知之？'对曰：'其飞徐而鸣悲。飞徐者，故疮痛也；鸣悲者，久失群也，故疮未息，而惊心未去也。闻弦音，引而高飞，故疮陨也。'"

《战国策·楚策四》记载，战国时代齐、楚、燕、韩、赵、魏六国联合抗秦。赵国派魏加拜见楚国的春申君，问道："你们考虑好主将的人选没有？"春申君说："我们考虑好了，打算让临武君为将。"魏加觉得不妥，就说："我年轻时喜欢射箭，希望用射箭来譬喻这件事，可以吗？"春申君说："当然可以。"魏加说："从前有一天，更羸与魏王一起呆在一个高台之下，抬头看见了天上的飞鸟。更羸对魏王说：'我只拉空弦不发箭就可以给您射下天上的飞鸟。'魏王说：'照你这么说，箭法难道可以达到这种境界吗？'更羸说：'当然可以。'过了一会儿，有一只大雁从东方飞过来，更羸只拉空弦就把它射了下来。魏王惊叹道：'这样看来，箭法真的有这么神奇？'更羸说：'并不是这样，这只是一只受过箭伤的大雁。'魏王说：'您凭什么知道它受过伤？'更羸回答说：'它飞得慢而且叫声悲怆。飞得慢是因为伤口疼痛；叫声悲怆是因为长时间失群。创伤未长好，惊心未平息，在这种情况下，一听到弓弦的声音就会振翅高飞，从而创伤崩裂掉下来。'现在这位临武君，跟秦作战时曾经多次吃过败仗，处境就像这只大雁，所以不能做抵抗秦国的主将。"

九牛一毛 jiǔ niú yī máo

解释 九头牛身上的一根毛。比喻极其微小，微不足道。

出处 汉·司马迁《报任少卿书》：“假令仆伏法受诛，若九牛亡一毛，与蝼蚁何以异？”

司马迁，西汉人，是我国伟大的史学家、文学家。他写的《史记》是中国第一部纪传体通史，被称为“史家之绝唱，无韵之离骚”。

天汉二年（公元前99年），汉武帝派遣西汉名将李广的孙子李陵出征匈奴。李陵带领五千步兵，与匈奴辗转相斗，杀敌无数。匈奴举全国之兵，层层堵截，李陵且战且退，终因力量悬殊以及缺乏武器而被围困在山谷内。因为救兵不至，李陵最终战败投降，全军覆没。

当时，朝廷对李陵的投降一派骂声，汉武帝询问司马迁对这一事件的看法。司马迁据实陈述，替李陵辩解，不料触怒了汉武帝，遭受宫刑。恰在这时，任安因为卷入宫廷斗争，被判了腰斩的死刑。他写信给司马迁，希望能帮自己在皇帝面前说说好话。司马迁于是回了一封信，即著名的《报任少卿书》。司马迁在这封饱含激情与血泪的信中，叙述了自己投入监狱、遭受宫刑的前前后后，以及自己的身份、处境与心迹。既对自己因地位低下、身份卑贱而无力帮助进行了解释，又对自己遭受宫刑后竟然还苟活于人世的原因进行了说明。其中说道，自己没有钱财，没有背景，没有地位，是皇帝豢养着玩弄的对象，假如我领受死刑而死，就像九头牛身上丢失了一根毛，自己的生命微贱得如同蝼蚁。之所以选择用宫刑代替死刑（汉代法律规定，死刑犯可以选择交钱赎罪，也可选择用宫刑代替），是因为《史记》尚未写完，所以只能忍辱负重，苟且偷生。

开诚布公 kāi chéng bù gōng

解释 开诚：敞开诚心。布公：宣示公正。指以诚相待，坦白无私。

出处 《三国志·蜀志·诸葛亮传论》："诸葛亮之为相国也……开诚心，布公道；尽忠益时者虽雠必赏，犯法怠慢者虽亲必罚，服罪输情者虽重必释，游辞巧饰者虽轻必戮。"

例句 你俩只要开诚布公地谈一谈，就可以消除误会。

诸葛亮一生勤勤恳恳，为了治理蜀国和兴复汉室而鞠躬尽瘁。《三国志》的作者陈寿在给他写的传记最后评论说："诸葛亮作为相国，安抚百姓，明示礼法和规矩，规定官吏的权限和职责，听从君主的裁断，袒露诚心，推行公正。对于竭尽忠诚，有益于当世的人，即使是自己的仇人也一定奖赏；对于违反法令、懒惰无礼的人，即使是自己的亲戚也一定惩罚；对于认罪并坦白真情的人，即使罪行严重也一定赦免；对于不说实话、巧言伪饰的人，即使罪行轻微也一定严惩。无论做了多么小的好事，没有不奖赏的，无论做了多么小的坏事，也没有不贬斥的。他对各项事务都很熟悉，能抓住其根本，能根据人的名声考察他的实质，瞧不起那些虚伪的人。最终使得蜀国全境之内，人人都敬畏爱戴他，刑法政令虽然严厉，但没有怨恨之人。这都是因为他心存公平，对该不该做的事规定得十分清楚的缘故。"

开门揖盗 kāi mén yī dào

解释 揖盗：向盗贼行礼作揖。打开门请强盗进来。比喻引入坏人，自招祸患。

出处 《三国志·吴志·吴主传》：“况今奸宄竞逐，豺狼满道，乃欲哀亲戚，顾礼制，是犹开门而揖盗，未可以为仁也。”

例句 如果把我公司的商业秘密透露给他，就无异于开门揖盗！

建安五年（公元 200 年），东吴的创始人孙策遭敌人刺杀，临死时，把国家托付给弟弟孙权，但孙权哭泣不止。于是老臣张昭对孙权说：“孝廉（对孙权的尊称），现在难道是哭的时候吗？丧礼由周公所立，但连他的儿子伯禽也没有遵守，不是他想违背父训，而是当时的事实使他不能墨守成规。何况现在奸诈不轨之人竞相争斗，豺狼一样的人到处都是，东吴立足未稳，危机四伏。您却想为兄长致哀，顾全礼制，这就相当于打开门向强盗行礼作揖，不能被称为仁义。”

当时东吴地盘尚小，只占据了会稽等六郡，而且六郡中一些偏远险要的地区还没有完全臣服。同时，英雄豪杰和儒士谋臣们正在决定是否效命东吴。就连国内的君臣之间都还没有建立起相互信赖的牢固关系。孙权从大局着眼，听从张昭的建议，立即换掉身上的丧服，上马外出，巡视检阅各个部队，稳定了东吴动荡的局势。

刻舟求剑 kè zhōu qiú jiàn

解释 刻：契刻，刻记号。求：寻找。本指在船体上刻上记号以方便找寻坠水的剑。后用来比喻拘泥成法，固执而不知变通。

出处 《吕氏春秋·察今》："楚人有涉江者，其剑自舟中坠于水，遽契其舟曰：'是吾剑之所从坠。'舟止，从其所契者入水求之。舟已行矣，而剑不行，求剑若此，不亦惑乎？"

例句 刻舟求剑只会让机会擦身而过，只有不断主动争取，成功才属于自己。

《吕氏春秋·察今》中讲到治国之道要与时俱进，时代变了，治国之法也应该随之而变。天下有七十一个圣人，他们的治国之道都不相同，并不是他们存心求异，而是因为时代和形势各不相同。文中举例说：楚国有个人横渡长江，他的佩剑从船上掉到了水里，于是马上在船上刻了个记号，说："我的剑就是从这里掉到了水里。"当船停下来后，他从自己刻的记号那里跳入水中找剑。他没有想到，船已经走了这么远，而掉到水里的剑并没有前行。假如像他这样去找剑，不也有点太荒唐了吗？又举例说：一个人过长江时，看见有人正抱着婴儿打算把他扔到江中。婴儿大声啼哭，这人就问原因，回答说："他的父亲善于游泳。"他的父亲虽然善于游泳，难道他的儿子就善于游泳吗？所以，只有因时变法的君主，才是贤明的君主。

口蜜腹剑 kǒu mì fù jiàn

解释 嘴上说得像蜜一样甜，肚子里却隐藏着害人的刀剑之心。比喻嘴甜心毒，用来形容口是心非、阴险狡猾的伪君子。

出处 《资治通鉴·唐玄宗天宝元年》：“李林甫为相，凡才望功业出己右及为上所厚、势位将逼己者，必百计去之；尤忌文学之士，或阳与之善，啖以甘言而阴陷之。世谓李林甫‘口有蜜，腹有剑。’”

例句 唐朝的宰相李林甫是一个口蜜腹剑的人。

李林甫在唐玄宗时官运亨通，但他为人阴险狡诈，嫉妒贤能，表面和善，心底却不善良。等他做了宰相后，对凡是才能声望、功勋业绩超过自己的，还有那些被皇帝厚待，势力地位即将接近自己的，就一定想尽办法，千方百计陷害他们。他尤其嫉妒文人学士，惯用的一种方法就是假装与人家关系友善，表面上说一些好听的话，背地里却施计陷害。时间久了，人们终于发现了他的伪善面目，于是说他“嘴里是蜜，心里是剑”。

口若悬河 kǒu ruò xuán hé

解释 说话像河水下泻，滔滔不绝。本来是个褒义词，形容能言善辩。后来常用为贬义，形容人夸夸其谈，不着边际。

出处 南朝宋·刘义庆《世说新语·赏誉》：“王太尉云：‘郭子玄语议如悬河泻水，注而不竭。’”

例句 他不擅在大庭广众之下演讲，小圈子集会时则口若悬河。

郭子玄即西晋时玄学家郭象，字子玄，河南洛阳人。他小的时候就很有文才和思想，喜欢研究老庄学说，善于清谈，曾经为《庄子》一书作注解，流传至今。当时的太尉王衍常称赞他说：“听郭象说话，就如同高挂在天上的黄河在往下泻水，灌注大地而不见枯竭。”

郭象闲居在家时，以写文论道的方式自得其乐。后来征召为

司徒的佐官，逐渐升迁为侍从皇帝、传达诏命的黄门侍郎。东海王司马越把他引纳为自己的太傅（辅导太子的官）、主簿（魏晋时将帅重臣的主要僚属，参与机要，总领府事），特受亲信和倚重。郭象担任要职后，手握重权，在朝廷内外声威显赫、气势逼人，使得当时舆论哗然，到处都是让他下台的声音。

口是心非 kǒu shì xīn fēi

解释 嘴里说的是一套，心里想的又是一套，心口不一。

出处 东晋·葛洪《抱朴子·微旨》："口是心非，背向异辞。"

葛洪，字稚川，号抱朴子，东晋丹阳句容（今江苏省句容县）人。晚年隐居在广东罗浮山中，炼丹采药，从事著述，直至去世。他是中国古代伟大的理论家、医学家。在医学和制药化学上有过许多重要的发现和创造，在文学上撰著丰富、内容精玄、成绩卓著。不过，他的作品大多已经散佚，流传至今的主要有《抱朴子》《肘后备急方》和《神仙传》。

在《抱朴子·微旨》中葛洪说："憎恶行善，喜好杀伐，嘴上一套心里一套，人前一套人后一套，违背正道，残害下属，欺迷上司，背叛主人，得到恩惠而不感激，贪赃枉法，收受贿赂，黑白颠倒，以权谋私，滥施刑法，破坏别人的家庭，抢夺别人的财宝，谋害别人的生命，夺取别人的地位，侵凌贤能之士，诛杀投降之人，诽谤神仙圣人，打伤修道之士，射杀飞禽，毁伤生命萌芽，教唆他人作恶，隐藏别人优点，身处险境却悠然自得，窃取他人的功劳，破坏别人的好事，抢夺别人喜欢的东西，拆散别人的亲情骨肉，好强争胜，借多还少，放水放火淹烧他人，利用法术暗害别人，欺负弱小，以次充好，巧取豪夺，拦路抢劫，品行不端，作风不正，吹牛诈骗，传播他人隐私，借钱不还，有钱不借，贪欲无限，拒绝诚信，不顺从天命，不尊敬师长，嘲笑他人行善，毁坏他人庄稼，损坏他人器物，让人吃不干净的饭食，短斤少两，鱼目混珠，骗人钱财等等，其中任何一条行为都是一种罪过。根据后果的轻重，掌管生命的神仙会扣除作恶者的寿命，如果扣完就会死掉。"

脍炙人口 kuài zhì rén kǒu

解释 脍炙：细切的肉和烤熟的肉，亦泛指美味佳肴。本指美味佳肴人人喜爱。后用来比喻好的诗文或事物为大众所称道。

出处 《孟子·尽心下》：“曾皙嗜羊枣，而曾子不忍食羊枣。公孙丑问曰：‘脍炙与羊枣孰美？’孟子曰：‘脍炙哉！’公孙丑曰：‘然则曾子何为食脍炙而不食羊枣？’曰：‘脍炙所同也，羊枣所独也。讳名不讳姓，姓所同也，名所独也。’”

例句 这是一首脍炙人口的歌曲，在国内外都享有盛誉。

曾参的父亲曾皙喜欢吃羊枣（一种果实名，成熟后颜色发黑，就像羊屎蛋一样，故名）。他死了以后，曾参怕想起死去的父亲，所以不忍吃羊枣。公孙丑问道：“美味佳肴和羊枣相比哪样好吃？”孟子说：“当然是佳肴啊！”公孙丑说：“既然这样，那么曾参为什么只吃佳肴却不吃羊枣呢？”孟子说：“佳肴是大家都喜欢吃的，而羊枣只是个别人喜欢吃的。就像父母之名应该避讳，姓却不用避讳，因为姓是大家都相同的，而名却是个人所独有的。”

旷日持久 kuàng rì chí jiǔ

解释 耗费时日，拖延很久。

出处 《战国策·赵策四》：“今得强赵之兵，以杜燕将，旷日持久数岁，令士大夫余子之力，尽于沟垒。”

例句 后来，她被这旷日持久的事态也弄得麻木了。

战国时期，燕国封宋国人荣盆（fén）为高阳君，让他率兵攻打赵国。赵国上下都非常担心，希望能从齐国引进安平君这个人才，以抵挡燕国的进攻。为此，赵王割让了三座城市和五十七个居民点给齐国。赵国老将赵奢看到国家花这么大的代价，从齐国引进这样的人才，非常担心，就对国家的执政官平原君说：“国家哪里会缺人缺到这种地步！你们为什么不任命我来抵御燕国的进攻呢？我曾经在燕国担任过上谷太守，那里的地形要塞我非常了解。我敢说，在百天之内，天下诸侯的兵还没有聚集起来的时候，我就已经攻占燕国全境了。”

赵奢又接着说：“假如安平君很愚蠢，他就挡不住燕国荣盆的进攻；假如安平君非常聪明，他就不会真的与燕国作战，因为如果赵国战胜燕国变得强大，齐国就不能再称霸了。这两种情况，安平君必居其一。在我看来，如果安平君得以指挥强大的赵国军队，他一定会耗费时日，拖延战争，使赵国百姓的力量完全消耗在战壕营垒之中。等到燕赵两国的实力由于交战相互削弱了，安平君就会率兵回国。他的做法，一定会使两国军队耗尽力量，情况没有比这更明确的了。”平原君没有接受赵奢的建议。最终，安平君果然只攻占了三个小城市，和赵奢说的一模一样。

困兽犹斗 kùn shòu yóu dòu

解释 被围困的野兽仍然搏斗。比喻处于绝境还要挣扎抵抗。

出处 《左传·定公四年》："困兽犹斗，况人乎？"

例句 局长对侦察员们说："困兽犹斗，我们要警惕敌人狗急跳墙。"

春秋时期，晋国和楚国在邲地发生了一场大战，这场战争以晋军大败而告终。晋军从邲地撤回后，主帅荀林父向国君请求死罪，晋景公打算答应他。大臣士贞子劝谏说："城濮之战的时候，我军大获全胜，晋国举国欢腾，但晋文公还面带忧虑之色。大家就问文公：'既然击败了强敌，为何反而愁闷？'文公说：'楚军的丞相兼主帅子玉还活着，忧愁就不能算是完结了。被围困的野兽尚且要挣扎搏斗一番，何况一国的宰相呢？'等到楚国杀了子玉，文公便喜形于色，说：'没有人来和我作对了。'这是晋国的再次胜利，也是楚国的再次失败，楚国由此两世都没能强盛。现在上天可能是要警示我们晋国，所以吃了败仗。但是如果杀了荀林父，这等于是增加了楚国的胜利，恐怕会让咱们晋国好久都不能强盛啊。荀林父前进时想的是竭尽忠诚，后退时想的是弥补过失，这样一个尽忠为国的人，怎么能杀掉呢？他的这次失败，就像日蚀月蚀一样，怎么会损害日月的光明呢？"晋景公认为这番话很有道理，就命令荀林父官复原位。

滥竽充数 làn yú chōng shù

解释 滥：虚妄不实，蒙混。竽：古代竹制簧管乐器，与笙相似而略大。充数：凑数。指没有真才实学者冒充有本领，混在行家里凑数。也比喻以次充好。

出处 《韩非子·内储说上》："齐宣王使人吹竽，必三百人。南郭处士请为王吹竽，宣王说（悦）之，廪食以数百人。宣王死，湣王立，好一一听之，处士逃。"

例句 在这个实力强劲的技术团队中，个个都堪称行家里手，滥竽充数者在这里毫无立锥之地。

齐宣王喜欢听人吹竽，而且喜欢听三百人的合奏。有位南郭先生，本不会吹竽，看到这种情况，觉得有机可乘，就请求加入吹奏的队伍。宣王很高兴，给他和大家一样的待遇，让他和大家一起吹奏，南郭先生因此照样得到赏赐。

齐宣王死后，齐湣王继承了王位。湣王也喜欢听竽，但是他和父亲不同，他喜欢听乐手一个一个地独奏。南郭先生一看蒙混不下去，就只好偷偷地溜走了。

狼子野心 láng zǐ yě xīn

解释 狼子：小狼崽。本指狼崽子虽幼，却有凶残的本性。比喻凶暴的人恶性难改，必有狂妄的欲望和狠毒的用心。

出处 《左传·宣公四年》：“楚司马子良生子越椒。子文曰：‘必杀之！是子也，熊虎之状而豺狼之声，弗杀，必灭若敖氏矣。’谚曰：‘狼子野心。’是乃狼也，其可畜乎？”

例句 司马召谋权篡位的狼子野心，昭然若揭！

春秋时期，楚国令尹子文，为人公正，执法廉明，楚国的老百姓都很敬重他。子文的兄弟子良，在楚国当司马，生个儿子叫越椒。子文对子良说：“一定要杀掉他。这个孩子，生着熊虎一般的外貌，而有豺狼一样的声音。如果不杀他，他一定会灭亡我们若敖氏家族。俗话说：‘狼崽虽幼，却有凶残的天性。’这个孩子就是一只狼，难道还要养他吗？”子良不同意。子文对此非常担忧，临死的时候召集他的族人，说：“如果越椒一旦执政就赶紧离开，以免遭受祸患。”

子文死后，他的儿子斗般继任了宰相，越椒为司马。后来斗般遭受诬陷而死，越椒就做了宰相。越椒飞扬跋扈，看谁不顺眼就杀掉他。再往后，他的野心越来越大，准备攻打楚王，逼得楚王用三代国君的子孙做人质求和，越椒竟然还不答应。

楚王被逼无奈，起兵和越椒带领的若敖氏在皋浒作战。越椒连续两箭射向楚王，一箭穿过鼓架，钉在了铜钲上，又一箭飞过车辕，穿过车盖，几乎射中楚王。楚兵感到害怕，纷纷后退。楚王派人巡视军队，给他们鼓劲说：“我们的先君文王攻克息国时，获得了他们三支宝箭，被越椒偷走了两支，现在他已经用完了，你们不用害怕。”然后击鼓进军，一举消灭了越椒和若敖氏。

老当益壮 lǎo dāng yì zhuàng

解释 年纪虽老，心志应当更加雄壮。

出处 《后汉书·马援传》：“（马援）转游陇汉间，常谓宾客曰：‘丈夫为志，穷当益坚，老当益壮。’”

例句 他年逾古稀，却依然精神矍铄，老当益壮，能一口气爬上紫金山顶。

马援是东汉著名将领，后世称为伏波将军。马援十二岁时父亲去世，但他从小就胸怀大志，兄长们也认为他不平凡。他曾经去学习《诗经》，但是不肯拘泥于诗歌的辞章句意，又因为家庭财力不足，于是就辞别哥哥，想到边远的地方开垦田地，放牧牛羊。哥哥马况也很开明，说：“你的才气很大，将在以后显示出成就。优秀的工匠不给别人看自己未加工成器物的半成品，所以我暂时可以让你干你喜欢的事。”但是随后马况去世，马援于是为哥哥服丧，一年都没有离开墓地。同时，他恭敬地侍奉守寡的嫂嫂，不穿戴整齐就不进守墓的茅屋。

后来马援担任了督邮，负责代表太守督察县乡，宣达教令，兼管狱讼和追捕逃犯。有一次他押送囚犯到司命府，囚犯犯有重罪，马援怜悯他就把他放走了，但自己也只有选择到北方逃命。后来遇到大赦，就留下来放牧牲畜，渐渐地前去归附投靠他的人越来越多，达到了几百户人家。马援曾经辗转于甘肃、关中一带，他常常对手下人说：“男子汉要有志气，穷困之时应当更加坚强，年纪老了应当更加豪壮。”马援不断努力，最终成为东汉著名的军事家，官至伏波将军，封为新息侯。

老骥伏枥 lǎo jì fú lì

解释 骥：骏马。枥：马槽，也指关牲畜的地方。比喻有志之士虽然年老但仍然充满雄心壮志。

出处 三国魏·曹操《步出夏门行》：“老骥伏枥，志在千里。烈士暮年，壮心不已。”

例句 老作家虽然年逾古稀，但老骥伏枥，志在千里，他决心在有生之年完成一部长篇巨著。

汉献帝建安五年（公元200年），曹操在官渡之战中，以少胜多，大败袁绍，奠定了统一北方的基础。此后，曹操连胜袁谭、袁尚，收服黑山起义军张燕等，军威大振。汉献帝建安十二年五月，曹操又发兵征讨盘踞北方，悖乱不服的三郡乌丸。经过艰苦的行军和激烈的战斗，于第二年正月凯旋。其间，逃往辽东的袁绍的两个儿子袁尚、袁熙也被辽东太守公孙康杀死，并将首级呈送给曹操，以示自己归服之意。这样，曹操基本统一了北方。

这次北征乌丸，由于道路不通，天气不好，行军异常艰苦，甚至一度军粮缺乏，只好杀死数千匹战马为粮。大军凯旋后，连曹操也感到有点后怕，以至于重赏以前竭力劝阻的大臣。不过，毕竟这是一次重大的胜利，曹操受到了极大的鼓舞，于是他在班师途中，以澎湃的激情，写下了一组千古传颂的诗篇《步出夏门行》，其中一首《龟虽寿》写道：

神龟虽然长寿，生命总有尽头。
仙蛇纵能驾雾，也终变为灰土。
老马虽处槽枥，却有千里之志。
壮士即到晚年，雄心不会停止。
人生寿命之限，不只上天掌握。
自己注重保养，仍然可得长寿。
幸运到了极点，唱此表达心志。

老马识途 lǎo mǎ shí tú

解释 途：道路。比喻对某事富有经验，能起引导作用。

出处 《韩非子·说林上》：“管仲、隰（xí）朋从于桓公而伐孤竹，春往冬返，迷惑失道。管仲曰：‘老马之智可用也。’乃放老马而随之，遂得道。”

例句 从此以后，龚澎一直与新闻发布为伴，这对她来说真是驾轻就熟、老马识途。

春秋时期，管仲、隰朋跟随齐桓公去攻打孤竹国（今河北卢龙）。春天去，冬天才返回，稀里糊涂地迷失了道路。管仲说：“老马的智慧可以利用。”于是放开老马，跟着它，就找到了路。半路上，走到山中的时候他们又没水喝了。隰朋说：“蚂蚁冬天住在山的南面，夏天住在山的北面。蚂蚁掘的土堆有一寸高，那么下面八尺深的地方就有水。”大家于是照此挖地，得到了水。

《说林》是《韩非子》中传说故事最集中的篇目。在老马识途的这段故事中，韩非子认为，管仲和隰朋都是非常明达和有智慧的人，但是他们也有不懂的时候。到了他们不懂的时候，他们并不把向老马和蚂蚁请教看作难为情的事，所以就更加显得聪明能干。现在的人内心愚蠢，却并不知道去学习圣人的聪明和睿智，这就不对了。

老生常谈 lǎo shēng cháng tán

解释 原指年老书生的平凡议论。后泛指讲惯了的老话。

出处 《三国志·魏志·管辂（hé）传》："扬曰：'此老生之常谭。'辂答曰：'夫老生者见不生，常谭者见不谭。'"

例句 我懒得应酬，说来说去，全是听腻了的老生常谈。

管辂是三国时期魏国的方术之士，容貌丑陋，喜欢喝酒，但是精通《易经》和占卜之术。有一次，尚书何晏请管辂到他府上，替自己占卦、解梦，邓扬恰好也在何府。何晏说："听说你善于卜算，能否帮我算一卦，看我能不能位至三公（东汉指太尉、司徒、司空，是中央的三种最高官衔）？"接着又问："我连续梦见几十只黑色的苍蝇，飞来歇在我的鼻子上，赶也赶不走，不知这有什么寓意？"

管辂说："鼻子在相术上有山象，如果高直而不倾危，就是能够常守富贵之相。现在苍蝇又臭又坏，停歇在鼻子上。地位高贵而险峻者容易倾覆，地位轻贱而豪强者容易灭亡，您不能不考虑过于盈满则会亏缺，以及盛极必衰的道理。希望您能常常上思周文王，下想孔圣人，这样一定就会升达三公之位，烦人的苍蝇也就可以赶走了。"邓扬说："这不过是老书生的平凡议论罢了。"管辂回答说："老书生现在不是平常的书生，平凡的议论现在不平凡。"何晏于是说："过一年咱们再重新碰面。"管辂回家，把自己的话告诉了舅舅，舅舅责怪管辂话说得太直太过。管辂说："和死人说话，又害怕什么呢？"舅舅大怒，认为管辂太狂妄。这一年年初，西北大风，尘埃遮蔽了天空。过了十几天，听到了何晏、邓扬被诛杀的消息，管辂的舅舅才心服口服。

乐不思蜀 lè bù sī shǔ

解释 乐：快乐。思：想念、怀念。比喻乐而忘返或乐而忘本。

出处 《三国志·蜀志·后主传》："后主举家东迁，既至洛阳。"裴松之注引《汉晋春秋》："司马文王与禅（刘禅）宴，为之作故蜀技，旁人皆为之感怆，而禅喜笑自若……他日，王问禅曰：'颇思蜀否？'禅曰：'此间乐，不思蜀。'"

例句 国外富裕的生活并没有使他"乐不思蜀"，而是日夜怀念自己的祖国、故乡和亲人。

刘禅是三国豪杰刘备的儿子，但他并没有像他父亲一样的胸襟和能力。蜀炎兴元年（公元263年）冬天，魏国大将邓艾在绵竹打败了诸葛亮的儿子诸葛瞻，蜀汉的首都成都失去了最后一道屏障。刘禅于是采纳了谯周的建议，向邓艾投降。魏国把刘禅的全家都迁到东方，封为安乐县公。

曹魏后期，司马昭把持了朝政。一次他宴请已经投降了的安乐公刘禅，故意安排了过去蜀国的歌舞。旁边的人一看，都觉得感慨悲怆，而刘禅自己却高高兴兴，喜笑如故。司马昭对贾充说："人的无情，竟可到这种地步！即使诸葛亮活着，尚且不能长久周全地辅佐他，何况姜维呢？"贾充说："假如不是这样，您怎么能吞并他们呢？"有一天，司马昭问刘禅："你是否有点想念蜀地呢？"刘禅回答说："这里非常快乐，一点也不怀念蜀地。"舍家只身跟随刘禅到魏国的郤正听说后，求见刘禅说："假如司马昭以后再问，您就哭泣着回答说：'我先人的坟墓远在陇地、蜀地，我的心向着西方而悲伤，没有一天不想。'"恰好司马昭又问他，刘禅就按照郤正教的话回答。司马昭说："你所说的怎么这么像郤正的话呢？"刘禅吃惊地看着司马昭说："确实如您所说，这些话正是郤正教我的。"旁边的人听后都哈哈大笑。

乐此不疲 lè cǐ bù pí

解释 形容对某事感到快乐，不觉得疲倦。

出处 《后汉书·光武帝纪下》：“皇太子见帝勤劳不怠，承闲谏曰……（光武）帝曰：‘我自乐此，不为疲也。’”

例句 海上的头三日，我竟完全回到小孩子的境地中去了，套圈子，抛沙袋，乐此不疲。

东汉王朝建立后，光武帝刘秀因长期的军旅生活，厌烦了征战。同时他也认识到天下久遭战乱，百姓非常渴望安定和平的环境。公元36年平定西陇、巴蜀后，一般情况下，只要不是十万火急，就再也不公开谈论军事。皇太子曾经向他请教攻城野战相关的事，光武帝说：“这不是你该关心的。”

刘秀每天黎明即开始临朝听政，直到下午太阳偏西才结束。平时，他经常找一些有学问的公卿大臣以及侍从来讨论儒家经典和治国方略，一直讨论到半夜。皇太子见他非常辛劳，一点儿也不松懈，有机会时就趁机劝谏说：“陛下您像大禹、商汤一样明察事理，但是不懂得像黄帝、老子一样保养自身。请您多多保养自己，生活得闲适一些。”光武帝说：“我自己对这些事非常感兴趣，一点儿也不觉得劳累啊！”

礼尚往来 lǐ shàng wǎng lái

解释 尚：注重。指礼仪、礼节以相互往来为贵。后也指你对我怎么样，我对你就怎么样。

出处 《礼记·曲礼上》："太上贵德，其次务施报，礼尚往来，往而不来，非礼也；来而不往，亦非礼也。"

例句 咱们文明古国，礼仪之邦，拜年贺节、礼尚往来的习俗由来已久，从古至今，长盛不衰。

《礼记》是我国古代儒家的重要经典，"四书"中的《大学》《中庸》就来自《礼记》。《礼记》的内容非常丰富，主要包括：一，通论礼仪或学术；二，解释《仪礼》一书；三，记述孔子及其弟子的言行、杂事；四，记述古代礼制；五，记述古代格言。《曲礼》的内容重在记述古代礼制，因为记录详细，所以叫"曲礼"。"曲"就是"周全详尽"的意思。

《礼记·曲礼上》中说，礼用来规定人们的亲疏关系、决断事理上的嫌疑、分辨事物的异同、明确道理的是非。上古的时候，人们最看重道德礼仪，其次看重有恩必报。礼崇尚有往有来，只有往而没有来，不合于礼；只有来而没有往，也不合于礼。人有了礼就能和顺，没有礼就会危殆，所以礼不可不学习。礼就是自己谦卑而尊重他人。富贵而懂礼，就不会骄奢淫逸；贫贱而懂礼，就不会丧失志气。

力不从心 lì bù cóng xīn

解释 从：听从，顺遂。形容想做某事而力量达不到。

出处 南朝宋·范晔《后汉书·班超传》：“如有卒暴，超之气力不能从心，便为上损国家累世之功，下弃忠臣竭力之用，诚可痛也。”

例句 刘老太已经八十岁了，她想一口气爬上十楼，但是力不从心。

班超，是《汉书》作者班固的弟弟，东汉名将。永平五年（公元 62 年），班固受朝廷征召，班超和母亲跟着到了洛阳。因为家贫，班超经常替官府抄写文书挣钱补贴家用。但他认为这不是可以做一辈子的事，曾经投笔叹息说：“大丈夫应当仿效傅介子、张骞立功西域，以获封侯爵，岂能长久地从事抄抄写写的事情呢?”

永平十六年（公元 73 年）到永元十四年（公元 102 年），班超在西域三十一年，周旋于各国之间，没让朝廷大动干戈就赶走了匈奴在西域的势力，恢复了西域各国同汉朝的关系，打通了天山南路。因为功勋卓著，被封为定远侯。

永元十二年，班超已年近七十。他思念故乡，同时因为西域风俗欺老怕壮，担心自己年老体弱，会突然死去，让西域重新陷入分裂和动乱，于是上疏给皇帝，请求还朝。三年后，他的妹妹班昭又为他上疏请求说：班超辗转在西域已经三十年，亲人离别，不再相识，当年追随他的部下也都已经死去。班超虽想竭力报答陛下，但他现在已经七十岁，体弱多病。蛮夷的本性是违乱忤逆，欺侮老人。如果西域发生突然的暴乱，班超的身体和精力都已经不能随心所欲了，那么就会造成损失。对上会损害国家世代建立的事业，对下会丢弃忠臣勇士竭力建立的功劳，这是非常令人痛惜的事情。班昭的奏疏感动了皇帝，于是班超在同年被召回朝廷。

厉兵秣马 lì bīng mò mǎ

解释 厉：磨砺。秣：喂养。指磨利兵器，喂饱马匹，做好战斗准备。

出处 《左传·僖公三十三年》："郑穆公使视客馆，则束载厉兵秣马矣。"

例句 关羽被吴军所杀，张飞敦促手下士卒厉兵秣马，准备与大哥刘备一起荡平东吴，报仇雪恨。

重耳流亡的时候，郑国曾经对他无礼，后来重耳回国继位为晋国国君，即为晋文公。晋文公联合秦国国君秦穆公包围了郑国，郑国赶紧派大臣烛之武游说秦军退兵，化解了这次危机。不久，秦穆公以帮助郑国防守为名派杞子等人驻守郑国。杞子见郑国守备空虚，派人向秦穆公报告说："我现在掌管郑国国都北门的钥匙，如果您秘密派兵前来，可以突袭夺取郑国国都。"

秦穆公于是派遣孟明视等三位大将率军前往，当军队行至滑国（今河南省偃师县）时，碰上了一个前往周都洛阳做买卖的郑国商人弦高。弦高了解情况后，一方面赶紧派人回郑国报信，另一方面马上送给秦军四张熟牛皮和十二头牛，并假装说："我们国君听说你们军队将要经过郑国，先派我来犒劳大家。"郑国接到弦高的报告，立即派人去杞子的驻地查探，发现他们正在收拾行装、磨利兵器、喂饱马匹，已经做好了战斗准备。郑国国君于是对杞子等人说："你们在我国呆了这么长时间，现在我们的粮食、牲口都已经吃完了，所以请诸位收拾行装准备离开，不过大家还可以到我们的猎场打些野味，怎么样？"杞子等人一看阴谋已经败露，就赶快逃出了郑国。孟明视等三位大将也认为郑国已经有所准备，突袭难以成功，只好就近趁机灭掉滑国，然后返回了秦国。

立锥之地 lì zhuī zhī dì

解释 插立锥尖的地方。比喻地方极小。

出处 《史记·留侯世家》：“今秦失德弃义，侵伐诸侯社稷，灭六国之后，使无立锥之地。”

楚汉相争时，西楚霸王项羽把汉王刘邦围困在荥阳。汉王非常担心，就和郦食其谋划削弱楚国的势力。郦食其说：“从前商汤讨伐夏桀，把夏朝的后代封在杞国。周武王讨伐商纣，把商朝的后代封在宋国。如今秦朝丧失德政、抛弃信义，侵袭攻伐各诸侯国，灭掉了六国的后代，让他们没有插立锥尖的地方。陛下如果能够重立六国的后代，六国的君臣百姓必然都感戴陛下的恩德，向往陛下的德义，甘愿做陛下的臣民。随着德义的推行，陛下就可以面南称霸，楚王也会整肃衣冠，毕恭毕敬地前来朝拜。”

刘邦认为此计不错，马上让郦食其去落实。张良听说后赶紧去劝阻刘邦，从八个方面分析了商汤、周武王时与现在不一样的情况，认为如果采用这个计谋，大事就会完蛋。刘邦正在吃饭，一听这些话，马上饭也吃不下了，吐出嘴里的食物，骂道：“郦食其这个笨蛋，差点坏了我的大事。”立即下令，让郦食其终止了这件事。

利令智昏 lì lìng zhì hūn

解释 贪图私利而使头脑糊涂。

出处 《史记·平原君虞卿列传》：“平原君，翩翩浊世之佳公子也，然未睹大体。鄙语曰：‘利令智昏。’平原君贪冯亭邪说，使赵陷长平兵四十余万众，邯郸几亡。”

例句 一些官员忘了自己的身份、使命，利令智昏，作出了对不起人民的蠢事。

平原君赵胜是战国时期著名的政治家，赵国宰相，战国四公子之一。赵孝成王四年（公元前 262 年），韩国把上党之地割让给秦国，上党守将冯亭不愿降秦，就把上党十七个城池献给赵国。赵孝成王大喜，但平阳君赵豹认为不可接受，认为这是冯亭在打算引赵抗秦。

赵孝成王召见平原君赵胜商议此事，赵胜认为可以接受。于是赵王派他前去接受这些城池，并命令廉颇领军驻于长平，由此秦赵之间发生了长平之战。赵孝成王六年（公元前 260 年），赵王以只会纸上谈兵的赵括替代廉颇为将，秦军包围赵军，活埋了赵国四十万降卒。赵孝成王九年（公元前 257 年），秦军包围赵国都城邯郸，情况十分危急。在平原君的游说下，楚、魏等国前来援救，才解了邯郸之围。

对于赵胜主张接受上党之地，司马迁并不认同。他在《史记》中评论说，平原君是乱世才子，可是看不到大的方面。俗话说‘私利会让人的心智昏乱’。平原君贪信冯亭的邪说，使赵国被活埋在长平的士兵多达四十多万，而且还差一点让都城邯郸沦陷，说的正是这个道理。

连篇累牍 lián piān lěi dú

解释 牍：古代写字用的竹简和木板。形容篇幅多，文辞长。

出处 唐·魏征《隋书·李谔传》：“连篇累牍，不出月露之形；积案盈箱，唯是风云之状。”

例句 新闻传媒对那场球赛连篇累牍地进行报道，使他很快成了举世瞩目的体育明星。

李谔，字士恢，隋唐时代人。李谔从小就爱好学习，长大后通晓辞章，擅长写文章。他看到当时的文人行为举止轻薄，写文章时沿袭了六朝以来绮靡的文风，就给皇帝上书说：“曹魏三代，崇尚辞章，不重视风俗教化，爱好雕虫小技，臣下仿效君上，如影随形，竞相施展文章辞藻，以至于成为一种不好的风气。到了南北朝时期的齐、梁时代，这种弊病更加盛行，无论贵贱贤愚，都一心追求吟咏辞赋。于是又丢开义理，标榜新奇，追寻虚无缥缈、细枝末节。堆满案头、装满书箱的长篇大论，无非都写些风花雪月、愁云残露。世俗以此相互攀比，朝廷据此提拔士人，所以文笔一天比一天繁杂，政事一天比一天混乱，这实在是离弃了圣道，以作无用之文为有用，是在损毁根本、追求末流。”

皇帝把李谔的奏章颁告天下，得到四海之内的响应，大大革除了那些弊端。李谔也得到了刚正忠直的声誉。

买椟还珠 mǎi dú huán zhū

解释 椟：木匣子。还：归还。后比喻舍本逐末，取舍不当。

出处 《韩非子·外储说左上》："楚人有卖其珠于郑者，为木兰之柜，熏以桂椒，缀以珠玉，饰以玫瑰，辑（通'缉'，连缀）以羽翠，郑人买其椟而还其珠，此可谓善卖椟矣，未可谓善鬻珠也。"

例句 像这类买椟还珠、舍本逐末的事，他没有少做。

楚王问墨家学派的田鸠："墨子是一个声名显赫的学者，他自己身体力行地做事还可以，但他的言辞大多却并不华美，这是为什么呢?"田鸠回答说："当今世上的言论，都说一些漂亮的话，国君只看到它的华美却忘记了它的用处。墨子的言论，传达先王的道理，向人们论述、宣传圣人的学说，假如文辞过于华美，恐怕人们记下了它漂亮的文辞而忘记了实际的内容，就会因为文辞而损害实际内涵。"

为了说明因为文辞而损害实际内涵的道理，田鸠还举了两个例子。其中之一说：楚国有个人到郑国去卖他的宝珠，做了木兰匣子，再用肉桂、花椒等香料熏它，还要用珠宝美玉点缀它，用玫瑰装饰它，再用漂亮的羽毛把它编织起来。郑国人买了这个装宝珠的匣子，而把宝珠退还给楚人。这可以称得上是善于卖匣子，而不可以说善于卖宝珠啊！因为过于讲究文辞而妨害了内容，就跟楚人本想卖宝珠最终却只卖出了匣子，郑人本应买宝珠最终却只买了个匣子一样，舍本逐末，取舍不当，没有抓住事情的要领。

毛遂自荐 máo suì zì jiàn

解释 毛遂：人名。自荐：自己推荐自己。用来表示自告奋勇地进行自我推荐。

出处 《史记·平原君虞卿列传》："门下有毛遂者，前，自赞于平原君曰：'遂闻君将合从于楚，约与食客门下二十人偕，不外索。今少一人，愿君即以遂备员而行矣。'"

例句 最近，学校要招聘义务清洁卫生督察员，我毛遂自荐，第一个报名。

毛遂，是战国时赵国公子平原君赵胜门下的食客。赵孝成王九年（公元前 257 年），秦军围攻邯郸，赵国派平原君到楚国求救，跟楚国订立盟约。平原君约定带领门下勇力和智谋兼备的二十名食客一起前往。平原君在自己门下的食客中找来找去，只挑选到了十九人，认为其余都不可取，无法凑够二十个。这时，门下食客中有位叫毛遂的，走上前，向平原君自我推荐说："我毛遂听说您准备跟楚国订立共同抗秦的合纵盟约，约定带领门下食客二十人一起前往，而不到外面找人。现在还缺一位，希望您以我毛遂凑够数然后就出发吧。"平原君开始不同意，后来终于勉强带着他出发。毛遂在路上跟那十九个人议论问题，等走到楚国，大家已经非常佩服他了。

平原君和楚国订立盟约时，与楚王谈判，从日出到中午都谈不下来。毛遂于是按剑走上台阶，直陈利害，一番言语使得楚王连声答应，痛下决心，歃血结盟。平原君回到赵国后，惭愧地说："我赵胜以后再也不敢考察士人了。我以前考察士人，自以为不会有所错漏，但对于毛先生来说，我却错漏了他。毛先生一到楚国，楚王就不敢小看赵国。他凭借三寸之舌，胜过了百万军队。"从此，平原君把毛遂尊为上客。

每况愈下 měi kuàng yù xià

解释 况：状况。愈：更加。意思是估量猪的肥瘦时，越近猪脚的地方越能显出猪肉是否真的肥厚。现用以指情况越来越差。

出处 《庄子·知北游》："庄子曰：'夫子之问也，固不及质。正获之问于监市履狶（xī）也，每下愈况。'"

东郭子向庄子请教说："人们所说的道，究竟存在于什么地方呢？"庄子说："大道无所不在。"东郭子曰："你一定得指出具体存在的地方才行。"庄子就说："在蝼蚁之中。"东郭子说："怎么处在这样低下卑微的地方？"庄子又说："在稻田的稗草里。"东郭子说："怎么越发低下了呢？"庄子接着说："在瓦块砖头中。"东郭子说："怎么越来越低下呢？"庄子最后说："在大小便里。"东郭子听了后就不再吭声了。庄子然后说："你的提问，本来就没有触及道的本质。一位名叫获的管理市场的官吏向屠夫询问猪的肥瘦，踩踏猪腿的部位越是往下就越能探知肥瘦的真实情况。万物、言论和大道遍及各个角落，因此你不能只在某一事物里寻找'道'。"

美轮美奂 měi lún měi huàn

解释 轮：高大。奂：众多。形容房屋、建筑物高大、众多，气势恢宏。

出处 《礼记·檀弓下》：“晋献文子成室，晋大夫发焉。张老曰：‘美哉轮焉，美哉奂焉！’”

例句 一群高层建筑在昔日的荒滩上拔地而起，美轮美奂，堪称壮观。

晋献文子名赵武。赵氏从晋文侯（公元前780—前746）时起成为晋国的一个大族。因为历代侍奉晋侯有功，到赵衰、赵盾父子时，已成为专擅国政的重臣。晋景公三年（公元前597年），晋国司寇屠岸贾捏造罪名将赵氏族灭。赵盾的儿子赵朔的夫人（晋成公的姐姐、晋景公的姑姑）怀着身孕躲进皇宫，后来生下了赵武，也就是后代戏剧中有名的“赵氏孤儿”。十五年后，赵武得到韩厥的帮助，攻打屠岸贾，将其灭族，报了大仇。

赵武后来成为晋国的正卿，当他的新房子落成时，晋国的大夫前去参加典礼。大夫张老说：“多么美啊！这么高大！多么美啊，这么众多！今后就可以在这儿祭祀，在这儿办丧礼，还可以在这儿宴饮宾客。”赵武说：“我赵武能够在这儿祭祀，在这儿办丧礼，在这儿宴饮宾客，这是希望自己能够保全性命，将来能追随父祖合葬在九原啊。”于是赵武向北面两次下拜叩头。君子们都称赞说张老善于祝颂，而赵武善于祈祷。当时赵武复位不久，年纪还不大，所以张老在赞颂的同时，表达了规劝之意，赵武当场接受了劝谏，并进行了祈祷。

门可罗雀 mén kě luó què

解释 罗：捕鸟的网。形容门庭冷落，来客非常稀少。

出处 《史记·汲郑列传》："始翟公为廷尉，宾客阗门；及废，门外可设雀罗。"

例句 自从人们认识到知识的价值后，许多读书人原本门可罗雀的住处就开始热闹起来。

汲黯是西汉有名的敢于直谏的大臣。他崇尚黄老思想，喜欢清静无为，处理政事只讲大的原则，而不苛求小节。他同情百姓疾苦，为人严肃，刚直不屈，被皇帝称谓"愚直"。汲黯屡次因为直言进谏而丢官，又屡次因为能坚持原则而受到皇帝的尊敬。郑庄也是西汉名臣，早年以仗义行侠闻名，做官后因为尊敬有德行的长者，谦恭地对待宾客，尊敬和推荐读书人以及下属，所以得到大家的一致称赞。

汲黯和郑庄都曾位列九卿，为官清廉，品行纯洁美好，但两人都曾中途被罢官。罢官后，因为家里贫穷，门下宾客零落。司马迁评论他们说："像汲黯、郑庄这样贤良的人，尚且是有权势时宾客比平时多十倍，没有权势时就相反，何况一般人呢。下邽县的翟公曾经也说过这样的话。当初翟公担任廷尉时，宾客满门；到他被免官时，门外冷清得可以张设罗网来捕鸟。后来翟公又担任了廷尉，宾客们又打算到他家，翟公就在他家门口写了几行大字，'一个死了一个活着，才能看出结交的真实感情；一人贫穷一人富贵，才能了解结交的真实状态；一人高贵一人低贱，他们的交情才能显现。'对于汲黯、郑庄这样的人，竟然也是如此，这个世界真是可悲。"

民不聊生 mín bù liáo shēng

解释 聊：依靠，倚赖。指百姓无所依赖，再也没法生活下去。

出处 《史记·张耳陈馀列传》：“百姓罢敝，头会箕敛，以供军费，财匮力尽，民不聊生。”

例句 一些发展中国家社会经济发展严重滞后，致使民不聊生，颠沛流离。

春申君，楚国人，姓黄名歇，与平原君、孟尝君、信陵君并称战国四公子。春申君见到楚怀王被骗入秦国，遭受囚禁，客死异乡，继任的楚顷襄王又遭受秦国轻视；而以前与秦敌对的韩、魏战败后已屈服于秦，非常担心秦国会出兵灭楚，就给秦昭王写了一封信，希望秦、楚联合，共灭韩、魏。他在信中写道：天下没有比秦、楚两国更强大的国家了。现在听说大王想要攻打楚国，这就好像两只老虎相互争斗。两虎相斗的结果，就是劣马和小狗也会趁机利用它们的弊端。因此，还不如善待楚国。现在大王相信韩国和魏国会友善地对待您，这正像吴国相信越国一样。我听说，敌人不可以宽容，时机不可以错过。我担心韩国和魏国用谦卑的辞令来消除自己的祸害，实际是想欺骗你们。为什么呢？大王对于韩国和魏国没有累世的恩惠，却有累世的怨仇。韩国和魏国的父兄子弟相继死于秦国之手，已将近十代了。他们国家残破，社稷颓毁，宗庙毁坏；人民被剖腹断肠，折断脖颈，身首分离，尸骨暴露在草丛和水泽，头颅滚落在地上；路上成群结队走着被俘虏的父子老弱，他们被绑着脖子、捆着双手；他们的鬼神孤苦悲伤，因为没人再给他们祭祀；他们的人民无法生活，家族分离散失，至于流亡为奴仆婢妾的，更是充满天下。因此，韩国和魏国不灭亡，就是秦国的忧患。现在大王您却借助他们来攻打楚国，恐怕也有问题啊！

名落孙山 míng luò sūn shān

解释 落：落后。孙山：人名。本指考试名次在孙山之后。现多表示在考试或选拔中失利。

出处 宋·范公偁《过庭录》："解名尽处是孙山，贤郎更在孙山外。"

例句 由于准备不足，小王在去年的考试中名落孙山。今年他奋发图强，全力以赴，终于金榜题名，实现了自己的梦想。

吴地有个读书人，姓孙名山，讲话非常滑稽有趣，也算吴中的一个才子。有一次，孙山到外地去参加科举考试，一个同乡托他带着自己的儿子一起去。考试结果出来后，孙山考中，但同乡的儿子失利，没有考中。不过孙山考得也不理想，名字列在金榜的最后一位。孙山先返回，碰见了那位同乡，同乡问："我儿子考得怎么样？"孙山说："榜上人名结束处写的是孙山，贵公子的名字更在孙山之后。"

名正言顺 míng zhèng yán shùn

解释 本指名分或名义正当，说起话来便顺理，道理也讲得通。现多用来指做事的理由正当并且充分。

出处 《论语·子路》："名不正，则言不顺；言不顺，则事不成。"

例句 对不正之风提出批评，这是名正言顺的事，你不必藏头露尾的。

孔子的学生子路问孔子："卫国的国君等着您去治理国政，您打算先从哪儿着手呢？"

孔子说："必须先正名，首先规定事物的正确名称。"子路说："有这个必要吗？老师您绕得太远了！正名干什么啊？"孔子说："你真鲁莽啊！君子对于自己所不知道的，就不发表意见。名称不搞清楚，说话就不理顺；说话不理顺，事情就做不成；事情做不成，礼乐就得不到实施；礼乐得不到实施，刑罚就不会得当；刑罚不得当，百姓就不知该怎么干好。因此，君子给某个事物命名一定有其命名的根据、有理由可说，说了以后就必定能够施行。君子对于自己所说的话，是一点都不能马虎的。"

春秋时期，社会正处于大变革、大动荡之中，当时不但有大量新生事物需要进行认识、概括与规范，而且由于诸侯争霸与割据，同一事物也有不同的解释，也需要进行调整与规范。孔子之所以认为治理国政首先应该从"正名"入手，是因为在他心里"名实相违"是当时社会混乱的本质原因。

明日黄花 míng rì huáng huā

解释 明日：明天。黄花：菊花。古人多在重阳节赏菊，到重阳节过后的第二天，菊花开得再好也不再有人欣赏，就变成了不应景的过时的东西。后用以比喻过时的事物。

出处 宋·苏轼《九日次韵王巩》："相逢不用忙归去，明日黄花蝶也愁。"又《南乡子·重九涵辉楼呈徐君猷》："万事到头都是梦，休休，明日黄花蝶也愁。"

例句 民族音乐渊源于民众之中，有着浓厚的民众基础，决非明日黄花。

苏轼、王巩都是北宋著名文学家、书画家，两人以诗画相切磋，是一对好朋友。元丰元年（公元 1078 年），苏轼在担任徐州太守时给王巩写了一首应和诗《九日次韵王巩》。次韵王巩，就是用王巩写给他的诗中所用的韵，来作一首回应的诗。这首诗是这样的："我醉欲眠君罢休，已教从事到青州。鬓霜饶我三千丈，诗律输君一百筹。闻道郎君闭东阁，且容老子上南楼。相逢不用忙归去，明日黄花蝶也愁。"诗中最后一句说，今日我们有幸在重阳节相逢，在这美好的节日里，我们要尽情地饮酒赏菊，而不要匆匆忙忙地各自回家。因为这美丽的菊花就是为重阳节的欣赏而绽放的，假如今天不去欣赏，到了明天，菊花就成了过时的东西，连蝴蝶对它也会毫无兴致。菊花之于重阳节，如同月饼之于中秋节，节前人气很旺，节后少人问津，如果不了解诗中的这一含义，就可能把"明日黄花"改作"昨日黄花"，从而闹出笑话。

目不识丁 mù bù shí dīng

解释 丁：指简单的字。形容人不识字或没有学问。

出处 《旧唐书·张弘靖传》："今天下无事，汝辈挽得两石力弓，不如识一丁字。"

例句 过去许多人没有读过书，目不识丁，连自己的名字都写不了。

唐代幽州节度使张弘靖出身富贵，刚任职幽州时不了解风土人情，不能和百姓、士兵打成一片。他手下有两个亲信，一个叫韦雍，一个叫张宗厚，轻狂放肆，喜欢酗酒，经常半夜喝醉了才打道回府，而且一路上满街火把，灯火通明，前后护卫呵斥骂人之声不绝，弄得全城鸡犬不宁。韦雍等人经常责骂手下的官吏，把他们称作"反虏"。他们谩骂手下的士兵说："现在天下太平无事，你们这些人即使能拉开两石的强弓，还不如认识一个最简单的'丁'字。"

后来，因为张弘靖克扣朝廷赏赐，士兵发动叛乱，囚禁了张弘靖；抓住了韦雍和张宗厚，以及和他们同类之人，并将他们全部斩杀。叛乱过后，朝廷另外派人担任幽州节度使，把张弘靖贬为抚州刺史。

南辕北辙 nán yuán běi zhé

解释 要到南方去，却驾着车往北走。比喻行动和目的相反。

出处 《战国策·魏策四》："今者臣来，见人于大行，方北面而持其驾。告臣曰：'我欲之楚。'臣曰：'君之楚，将奚为北面？'曰：'吾马良。'臣曰：'马虽良，此非楚之路也。'曰：'吾用多。'臣曰：'用虽多，此非楚之路也。'曰：'吾御者善。'此数者愈善，而离楚愈远耳。今王动欲成霸王，举欲信于天下。恃王国之大，兵之精锐，而攻邯郸，以广地尊名，王之动愈数，而离王愈远耳。犹至楚而北行也。"

例句 如果无视客观规律，只凭主观想象，结果必然是南辕北辙。

魏王打算攻打邯郸，季梁赶紧来劝谏说："我这次来见您时，在大路上碰见一个人，正驾着车向北行进，他给我说：'我要到楚国去。'我说：'楚国在南面，你怎么反倒向北行进呢？'他说：'我的马好。'我说：'马虽然好，但这不是到楚国去的路啊。'他又说：'我费用充足。'我说：'费用虽然充足，但这毕竟不是到楚国去的路啊。'他又说：'我的马夫驾车技术高。'其实，这几样越好，他离楚国就会越远。现今大王您打算成为诸侯的霸主，想建立信义于天下，如果纯粹依靠国家大、武器精良而攻打邯郸，来扩大自己的地盘、使自己的名声更加尊贵，那么您的军事行动越频繁，您所想要的名声、信义等东西也会离您越远，就像那位想到楚国却向北走的人一样。"

nìng wéi yù suì bù wéi wǎ quán

宁为玉碎，不为瓦全

解释 宁做玉器被打碎，不做陶器得保全。比喻宁愿为正义而死，也不愿苟全性命。

出处 唐·李百药《北齐书·元景安传》：“大丈夫宁可玉碎，不能瓦全。”

例句 宁为玉碎，不为瓦全，无耻苟活，生不如死。

元景安是南北朝时期北朝人，本属北魏皇室的后裔，后在东魏、北齐为官。北魏孝武帝元修本是权臣高欢拥立的皇帝，但是他后来想依靠盘踞关陇一带的宇文泰消灭高欢，计划失败后逃奔长安。从此北魏开始分裂为东魏、西魏。公元 534 年，高欢在洛阳另立孝静帝元善见，即为东魏。公元 535 年，宇文泰杀掉孝武帝，另立文帝元宝炬，是为西魏。东魏和西魏实际分别被高欢、宇文泰控制。高欢死后，儿子高洋代替他控制东魏大权。后来，高洋不甘心只当个丞相，就在公元 550 年废掉了元善见，自立为帝，这就是北齐。

北齐建立后，高洋逐步消除北魏、东魏皇室元氏宗族中的异己，以至于当时元氏宗族惶恐不安。元景安从小就性格沉稳，做事干练、有谋略，而且善于搞好人际关系。元景安看到家族的这种情况，就建议将元姓改为高姓，以躲避灾祸，保存家族。但是堂兄元景皓坚决不同意，他说：“岂能抛弃自己的祖宗，而跟着别人姓？大丈夫宁可做玉器被打碎，也不做陶器得保全。”元景安把他的这番话告诉了高洋，高洋就将元景皓抓起来杀掉，把他的家人流放到了彭城。作为奖励，高洋赏赐元景安姓高。

怒发冲冠 nù fà chōng guān

解释 头发直竖，顶起帽子。形容愤怒到极点。

出处 《史记·廉颇蔺相如列传》："相如因持璧却立，倚柱，怒发上冲冠。"

例句 半小时后，门被打开，孙增加一个箭步窜进去，怒发冲冠，举手要打妻子，可一望妻子泪水滂沱的脸，心软了。

战国时，秦昭王听说赵惠文王得到了楚国的和氏璧，就派人送信给赵王，表示愿意用十五座城池换和氏璧。和氏璧虽然是赵国的国宝，但是秦国势力强大，赵王和大臣们明知十五城的条件为假，但是又不能不答应，于是将计就计，派遣蔺相如带着和氏璧到秦国谈判。蔺相如把璧献给秦王，秦王大喜，但是只管传给身边的美人和大臣观看，并没有拨付城池的意思。蔺相如于是上前说："其实和氏璧上也有小的瑕疵，请您允许我指给您看。"秦王把璧递给相如。相如拿到璧，马上背靠着柱子，当时怒气使头发竖立，都顶起了帽子。相如对秦王说："您想要这个和氏璧，派人送信给我们赵王。赵王召集大臣商议，大臣们都说：'秦国贪得无厌，倚仗自己势力强大，用空话来索求宝璧，所许诺的那些用以换璧的城池恐怕根本得不到。'但是我认为，老百姓之间的交往尚且不互相欺骗，何况秦国这样的大国呢？再说，也不能因为一个璧的缘故而让强大的秦国不高兴。于是，赵王为了尊重大国的威严和表示自己的尊敬，才同意派我来奉献宝璧。现在我来到这里，您态度傲慢，得到宝璧后竟然传给身边的女人，以此戏弄我。我看您并不打算把那些城池交付给赵王，所以我才取回此璧。如果您逼我，我今天就把璧和头一起撞碎在这根柱子上。"蔺相如拿着璧看着柱子，打算把它撞在柱子上。秦王害怕真的弄碎了宝璧，就同意斋戒五天再受璧。蔺相如知道秦王终究不会交付城池，就趁机派人悄悄把璧又送回了赵国。

旁若无人 páng ruò wú rén

解释 即便有人在旁边也视若无睹，就像没人一样。形容自行其是而不顾别人的态度或反应。后也用来形容态度高傲，不把别人放在眼里。

出处 《史记·刺客列传》：“高渐离击筑，荆轲和而歌于市中，相乐也，已而相泣，旁若无人者。”

例句 有些男女青年太开放了，竟敢在大街上旁若无人地亲热。

荆轲是战国末期卫国人，喜欢读书和击剑。他周游列国，一开始并没有找到志同道合的朋友。到达燕国以后，他和一个杀狗的屠夫以及一个擅长击筑（古代一种形状像筝的弦乐器）的高渐离成了好朋友。荆轲喜欢喝酒，每天都同屠夫以及高渐离在燕国的街市上喝酒。喝到畅快时，高渐离弹击着筑，荆轲在街市上和着节拍唱歌，彼此都非常高兴。可是过一会儿，又相对着哭泣，好像旁边没有人一样。

荆轲虽然同喜欢喝酒的人们交往，但是他为人却深沉稳重，喜欢看书。他游历各诸侯国的时候，都是跟当地德高望重、贤能英雄的名士结交。到燕国后，燕国的隐士田光先生对他也非常友好，知道他不是一个平庸的人。后来，田光向燕国的太子丹推荐荆轲。太子丹派荆轲刺杀秦王，但最终没有成功。

匹夫之勇 pǐ fū zhī yǒng

解释 指不用智谋而单凭个人胆量的勇气。

出处 《国语·越语上》：“吾不欲匹夫之勇也，欲其旅进旅退也。”

例句 项羽一声怒吼能吓退千军，但他不能任用贤能、运筹帷幄，所以只能算匹夫之勇。

越王勾践被吴王夫差打败后，致力于发展经济，增加人口，笼络人心，卧薪尝胆，准备复仇。几年之后，时机成熟，全国百姓斗志高昂，大家纷纷说：“越国的人民爱戴您就像爱戴自己的父母一样。儿子们想为父母报仇，臣子们想为君主报仇，哪能不尽心尽力？现在我们请求对吴作战。”勾践于是决定进行复仇战争，他召集民众说：“我听说古代的贤君，不怕自己的人数不够，而怕自己人的志向操行缺少受辱报耻的勇气。现在夫差已经有战士十万三千人，都穿着犀牛皮做的高级铠甲，但是他不担心这些士兵没有操行，反而仍担心自己人数不足。我现在就要帮助老天消灭他。”勾践同时宣布作战纪律：“我不需要个人逞能的那种勇敢，我需要大家共同进退。进击时要想到奖赏，败退时要想到惩罚，这样就会得到必有的赏赐；如果前进时不听命令，败退时不知耻辱，就一定会得到应有的惩罚。”由于军队号令严明，斗志昂扬，勾践这次对吴复仇节节胜利。最终，夫差求和不成自杀，吴国就此灭亡。

否极泰来 pǐ jí tài lái

解释 否、泰：《易》的两个卦名。天地相交、万物相通谓之“泰”；不交、闭塞谓之“否”。后常以“否泰”指世事的盛衰，命运的顺逆。比喻厄运终结而好运到来。

出处 东汉·赵晔《吴越春秋·勾践入臣外传》：“时过于期，否终则泰。”

例句 在人的一生中，否极泰来的事时有发生。

春秋时期吴越战争中，越国被打败，屈辱求和。越王勾践五年（公元前492年），勾践和大臣文种、范蠡按照协议到吴国去做奴仆，大臣们都到浙江边上去送行。文种、范蠡劝慰勾践说：“古人云：‘处境如果不困厄，那么志向就不会远大；形体如果不忧愁，那么考虑就不会深远。’圣明的帝王、贤能的君主都会遭遇到灾难，蒙受到耻辱，他们身体被拘禁名望却很崇高，身体受屈辱声誉却很荣耀，他们处在卑下的地位而不消沉，处在危险的时刻却能安然处之。”又说到：“五帝尽管德行深厚，但还是遭受了洪水泛滥的忧患。周文王遭受欺凌和屈辱，身遭囚禁痛哭流涕，推演《易》而创六十四卦，时间过了一定的期限，厄运到极点就转向了通达。诸侯都来救援文王，他的命运出现吉祥的征兆，最终起兵讨伐仇人而夺得天下。现在大王虽然处在危难困厄之中，但谁能知道它就一定不是通达得志的征兆呢？”

后来越王勾践卧薪尝胆，发奋努力，终于一举战胜吴国，吴王夫差自杀，勾践得以称霸诸侯。

扑朔迷离 pū shuò mí lí

解释 扑朔：指雄兔脚毛蓬松。迷离：指雌兔眼睛眯缝。雌雄兔子本来各有不同的特征，但在奔跑时却难辨其雌雄。也有人认为，扑朔为四脚爬搔或跳跃貌，或兔子奔跑迅速貌。后形容事物错综复杂，不易看清真相。

出处 《木兰诗》："雄兔脚扑朔，雌兔眼迷离。两兔傍地走，安能辨我是雄雌。"

例句 这些传说尽管扑朔迷离，却唤起了我的希望。

花木兰生活在南北朝时期的北魏，当时北方以游牧为生的柔然国不断南侵，北魏被迫不断征兵进行防卫和征伐。在征兵的名册中，花木兰的父亲名列其中，但是父亲年事已高，而弟弟年又太幼，木兰只得女扮男装，代父从军。她早晨告别爹娘，随军开拔，晚上就住在了黄河岸边。在苍茫的暮色中，在黄河的轰鸣和战马的嘶叫中，木兰做好了奋战报国的准备。随后的十年中，花木兰身经百战，喋血疆场，取得了无数的战功。战后皇帝想要赏赐她，封她为官，但她拒绝了赏赐，也不愿为官，在战友的陪伴下回到了故乡。令人惊叹的是，十年来生死与共的战友直到这时才知道，勇敢坚强的花木兰原来是个女儿身。《木兰诗》的作者由衷地感叹道：雄兔脚毛蓬松，雌兔眼睛眯缝，但两只兔子趴在地上奔跑时，又怎能辨别出雌雄呢？

杞人忧天 qǐ rén yōu tiān

解释 杞：周代的一个小诸侯国。比喻不必要的忧虑。

出处 《列子·天瑞》：“杞国有人忧天地崩坠，身亡所寄，废寝食者。”

杞国（姒姓古国，初在雍丘，今河南杞县，后在淳于，今山东安丘东北，战国初为楚所灭）有个人担心天会塌下来，地会陷下去，自己的身体无处可藏，因而睡不着觉，吃不下饭。

有一个关心他的人于是前去开导他，说：“天是气的聚集，没有哪里没有气。就像弯腰伸手、呼气吸气，整天都在天之中作息，为何需要担忧天崩地坠呢？”忧天的那人又说：“即使天果真是气聚集起来的，那日月星辰难道不会掉下来吗？”开导的人说：

“日月星辰，也是聚集起来的气，是这些气中有光芒罢了，即使掉下来，也不会伤害什么。”忧天的人又说：“那大地陷裂了怎么办？”开导的人说：“地是土积聚而成的，土它充满了四方空间，没有哪里没有土。就像你踱行踩踏，整天都在地上生活，为什么还要担心它陷裂呢？”忧天的人疑虑顿消，非常高兴，开导他的人看他这样，也非常高兴。

黔驴技穷 qián lǘ jì qióng

解释 黔：地名，贵州一带。技：本领。穷：穷尽，没有了。比喻连仅有的一点本领也用完了。

出处 唐·柳宗元《黔之驴》：“黔无驴，有好事者船载以入，至则无可用，放之山下。虎见之，庞然大物也，以为神。蔽林间窥之，稍出近之，慭慭然莫相知。他日，驴一鸣，虎大骇，远遁，以为且噬己也，甚恐。然往来视之，觉无异能者。益习其声，又近出前后，终不敢搏。稍近，益狎，荡倚冲冒。驴不胜怒，蹄之。虎因喜，计之曰：‘技止此耳！’因跳踉大㘎（hǎn，虎吼），断其喉，尽其肉，乃去。”

例句 金哥已经黔驴技穷，却仍不死心。

黔地过去没有毛驴，有个喜欢多事的人就用船运来了一头，运到后却没有什么用，就把它放在山下。老虎看到它，觉得是个庞然大物，还以为它是神。于是悄悄地藏在树林中偷看它，逐步出来接近它，小心谨慎，不了解它究竟是什么。

有一天，毛驴一声长鸣，老虎大吃一惊，逃得远远的，以为毛驴要吃自己，非常害怕。但是老虎来来往往地观察它，觉得毛驴并没有什么特别的本领。渐渐地习惯了它的叫声，又靠近它前前后后地走动，但老虎始终不敢和毛驴搏斗。老虎逐渐再靠近驴子，态度更加不庄重，触碰它，擦挤它，冲击它，冒犯它。毛驴禁不住大怒，就用蹄子踢老虎。老虎于是非常高兴，盘算道：“毛驴的本领只不过如此罢了！”于是老虎大声吼叫着跳过去，咬断了毛驴的喉咙，吃完了它的肉才离开。

强弩之末 qiáng nǔ zhī mò

解释 弩：古代用机械射箭的弓。强弩发射出的箭，到了末程，连薄薄的绢也穿不过。比喻衰微之势。

出处 《汉书·韩安国传》："且臣闻之，冲风之衰，不能起毛羽；强弩之末，力不能入鲁缟（gǎo，细白的生绢）。"

例句 侵略战争刚开始时小日本如狼似虎，不过还没有到潼关，就已经成了强弩之末。

西汉景帝时，韩安国官至御史大夫。有一次，和匈奴接壤的马邑县豪绅聂壹向皇帝建议，利用财物诱惑匈奴，然后设伏兵袭击，从而一举消灭他们。皇帝让大臣们商议这件事情，王恢认为此计可行，主张实施它；韩安国不同意，两人为此展开了争论。韩安国认为匈奴远在千里之外，又常常像鸟群一样迁徙不定，因此难以一举制服。韩安国又说："我听说，猛烈的风吹到最后连羽片毛发都吹不起来；强劲的弓弩发射的箭，到了最后力量衰减，连最薄的产自鲁国的细绢都不能穿透。汉军如果千里奔袭，就会像烈风之末、强弩之末一样，取不到任何效果。"但是汉景帝最终还是采纳了王恢的建议，出兵三十多万诱击匈奴。匈奴在即将进入伏击圈时发觉了汉军的埋伏，马上退了回去，汉军无功而返。皇帝非常恼怒，认为王恢建议发动马邑战役，但战役没能进行；匈奴退却时，他本可攻击匈奴的后勤部队，但又畏缩不前，没有进攻，应让廷尉问罪。廷尉判决王恢死刑，王恢找人求情疏通不成，自杀身亡。

巧言令色 qiǎo yán lìng sè

解释 巧言：表面好听而实际虚伪的话。令色：伪善、谄媚的脸色。指用花言巧语和媚态伪情来迷惑、取悦他人。

出处 《尚书·皋陶谟》："能哲而惠，何忧乎驩兜？何迁乎有苗？何畏乎巧言令色孔壬？"

例句 他真是一个巧言令色的小人。

相传皋陶为舜的大臣，掌管刑法狱讼，因为执法公平，得到百姓的拥戴。有一次，舜召集皋陶以及大禹、伯夷等人一起讨论有关部落联盟的大事，皋陶陈述了自己的主张，即为《皋陶谟》。它是我国古代最早、最完整的议事记录。

皋陶说："忠诚地遵循尧的圣德，君主就会决策英明，群臣就会同心辅佐。"大禹说："道理是这样，但是怎样做到呢？"皋陶说："严格要求自己，坚持提高自己的道德修养。宽厚地对待自己的民众，他们就会拥戴你。同时，还需知人善任，安抚民众。"大禹说："你说得不错，但是这些大概连尧、舜也难以做到。因为知人善任才算明智，才能恰当地任用官员；安抚民众才算仁慈，民众才会怀念。假如民智而仁慈的话，哪里还用担心作乱的驩兜呢？哪里还用流放三苗族的民众呢？哪里还用害怕巧舌如簧、面露巴结谄媚之色、心底奸佞之人呢？"

穷兵黩武 qióng bīng dú wǔ

解释 黩：滥用。形容滥用武力，肆意发动战争。

出处 《三国志·吴志·陆抗传》："然后顺天乘运，席卷宇内，而听诸将徇名，穷兵黩武，动费万计。士卒雕瘁，寇不为衰，而我已大病矣。"

例句 曹操在军事上有很深的造诣，但他并不是一个穷兵黩武的好战分子。

三国末期，吴国国君孙皓（hào）暴虐无道，军队频繁出战，百姓疲惫困顿。大将军陆抗上疏说："我听说《周易》推崇顺应时势，《左传》赞美把握时机，所以夏桀罪恶众多，商汤出兵征讨，商纣荒淫暴虐，周武王发动军队攻伐。如果没有那样的时机，商汤宁可被囚禁，周武王宁可从孟津撤回征伐的大军。如今不致力于富国强兵，努力耕作积蓄粮食，让文武人才报效施展他们的才能，用道德训导官员，用仁义安抚百姓，然后遵循天命承受运数，席卷天下。而是听任众将领舍身为名，无休止地发兵征战，所耗费的资财动辄数以万计，士卒伤病憔悴，敌寇没有减损，我方却已经非常疲惫了。我们现在确实应该暂时停止攻城略地的小谋划，来蓄养军民的力量，寻找时机再作进一步的打算，使我们自己没有什么悔恨。"

秋毫无犯 qiū háo wú fàn

解释 丝毫不侵犯别人的利益。多指军队纪律严明，不侵犯百姓的任何利益。

出处 《后汉书·岑彭传》：“彭首破荆门，长驱武阳，持军整齐，秋毫无犯。”

例句 解放军进城以后，风餐露宿，秩序井然，买卖公平，秋毫无犯。

岑彭，东汉光武帝刘秀手下的著名将领。他曾经平定河北，攻克洛阳，统一关中，立下赫赫战功。

光武帝建武十一年（公元35年）春开始，岑彭率军征伐割据蜀地的军阀公孙述。战争中，岑彭审时度势，或屡出奇兵，或轻骑奔袭，大破蜀军。曾经有一次，岑彭率军昼夜兼行一千余里，一举攻克武阳（今四川彭山东），并派精锐骑兵攻打广都（今四川双流），一直攻到了离成都几十里的地方。公孙述被岑彭迅疾的攻势吓得大惊失色，用手杖戳着地面说：“他是何方神圣？”后来，公孙述暗地里派了一名刺客，谎称投降，乘夜刺杀了岑彭。

岑彭治军严整，军队纪律严明，不侵犯百姓的任何利益。当岑彭攻下武阳后，邛谷王任贵听说了岑彭的威信，马上从几千里外派使者来投降。当使者到达后，岑彭已死，光武帝就把任贵所进贡的全部财物都赏赐给了岑彭的妻子儿女。蜀地的百姓爱戴想念他，就在武阳给他建立了庙宇，按时祭祀。

曲高和寡 qǔ gāo hè guǎ

解释 意谓曲调高雅，能跟着唱的人就少。指知音难得。后亦比喻言论或作品不通俗，能理解的人很少。

出处 战国楚·宋玉《对楚王问》：“客有歌于郢中者，……是其曲弥高，其和弥寡。”

例句 曲高和寡就容易脱离群众。

战国时期，楚国国君楚襄王听到别人诽谤宋玉的谗言。有一次，他问宋玉：“你的所作所为大概有不妥之处吧，不然大家怎么都这么不称赞你呢？”宋玉回答说：“啊！大概有这种情况。不过希望大王先原谅我的过错，让我把话说完。”

宋玉接着说道：“有个人在楚国的都城郢城里唱歌，一开始唱的是《下里巴人》，城里接着他应和的有数千人，接着他又唱《阳陵采薇》，城里接着他应和的有数百人，随后他又唱《阳春白雪》，城里接着他应和的只有几十个人，最后，这人又唱起又高又细的商羽之调，中间还夹杂着征音的变调，这时城里能够接着应和的，仅仅只有几个人而已。因此，曲子的声调越高，能跟着应和的人就越少。因此鸟类里有凤凰而鱼类里有大鲸，凤凰能高飞至九千里，穿越层层白云，背负广袤的青天，在辽阔深远的天空自由翱翔。田间地头的小鹞（yàn）雀，怎么能决断天地的高远呢？鲸早晨从昆仑山出发，中午在东海边的碣石晾晒鱼鳍，晚上在河南的孟诸之泽中歇息。池塘里的小鱼，又怎能丈量江海之大呢？其实，并非只是鸟里有凤凰、鱼里有大鲸，读书人中也一样。道德高尚的人有卓越的思想和不平凡的行为，超然于世却不同流合污。世俗中的浅陋之人，又哪里明白我的所作所为呢？”

权宜之计 quán yí zhī jì

解释 权宜：暂时适宜。指为应付某种情况而采取的临时措施。

出处 《后汉书·王允传》：“卓既歼灭，自谓无复患难，及在际会，每乏温润之色，杖正持重，不循权宜之计，是以群下不甚附之。”

例句 “一国两制”不是一种权宜之计和过渡性措施，而是由国家宪法和法律作保证的一项长期的国策。

东汉后期，在外戚和宦官的轮番专权之下，汉朝已经奄奄一息。为了对付宦官，董卓被征召入京，他在诛灭宦官的同时趁机把持了朝廷政权。其后，董卓的倒行逆施激起了朝野的反对。王允时任司徒，暗中结纳吕布，制造吕布和董卓的矛盾。汉献帝初平三年（公元192年），最终趁皇帝大会群臣的机会利用吕布杀掉了董卓。

王允本来性格刚直，以前担心豺狼一样的董卓，所以有所收敛。董卓死后，王允以为再也没有什么祸患和危难了，就松懈下来，重新恢复了以前的性格。每次聚会时，缺少温和之色，秉持正义、一丝不苟，不针对具体情况而临时采取变通措施，因此大臣、手下都不大拥戴他，和他的关系渐渐疏远。这时，董卓原来的手下李傕、郭汜趁机反攻，带兵杀回长安，王允被灭族。

忍辱负重 rěn rǔ fù zhòng

解释 忍受屈辱，承担重任。

出处 《三国志·吴志·陆逊传》：“国家所以屈诸君使相承望者，以仆有尺寸可称，能忍辱负重故也。”

例句 蔺相如忍辱负重，用行动感动了廉颇。

关羽被孙吴袭杀之后，刘备亲自率领蜀军，水陆并进，征讨孙吴。东吴方面，孙权则命令陆逊担任大都督，总领各路兵马，抗击刘备。由此展开了三国历史上著名的“夷陵之战”。战争一开始，刘备在兵力和士气方面都占据优势，所以陆逊采用守势。吴蜀两军长期相持，达半年之久。进入六月后，吴地酷热难耐，刘备只好命令水军上岸扎营。陆逊看到蜀军锐气已失，而且水陆并进的优势也不存在；同时蜀营连绵相接，周围林木茂密，于是采用火攻，大败蜀军，三国鼎立的局面由此形成。

在抗击刘备的时候，孙吴将领有的是老臣旧将，有的是皇族贵戚，都骄傲自负，不听从命令。主帅陆逊手按宝剑说：“刘备天下闻名，连曹操都害怕他。各位蒙受国家的恩惠，应该和睦相处，共同灭除这个劲敌。现在各位却互不顺服，这很不应该。我虽然是个书生，却接受了主上的任命。国家之所以委屈各位让你们接受我的指挥，是因为我还有一点儿东西值得称道，能够忍受屈辱、承担重任的缘故。现在我命令，你们各人必须担负起自己的职责，不能再行推辞！军令的规定，各人不能违犯！”一开始大家被这样强制压服心里很是不满，等打败刘备后，大家看到计策大多出自陆逊，才心服口服。

任重道远 rèn zhòng dào yuǎn

解释 负担沉重，路途遥远。后用来比喻担负的责任重大，同时还要经过长久的努力。

出处 《论语·泰伯》："曾子曰：'士不可以不弘毅，任重而道远。'"

例句 青年人任重道远，要继承的不是财产，而是前辈留下的尚未完成的革命事业，发扬前辈的革命精神。

《论语》是儒家最重要的一部经典，由孔子的弟子及再传弟子编纂而成，主要记录孔子及其弟子的言行。

曾子（公元前 505～前 435），姓曾，名参，字子舆。曾参以及他的父亲曾皙都是孔子的弟子。曾皙算是孔子学生中比较能够领略老师胸怀和抱负的一个人。有一次，曾皙和子路、冉有、公西华陪孔子坐着。孔子问他们的志向，曾皙说："暮春三月，穿上春天的服装，邀上五六个成年人，带上六七个小孩子，在沂水里洗洗澡，到雩台（yú，祈雨台）上吹吹风，然后一路唱着歌儿走回来。"描绘了一个升平祥和的大同世界，得到孔子的赞赏。

曾参的成就比他父亲要高。他十六岁拜孔子为师，勤奋好学，颇得孔子真传，是孔子孙子孔汲（子思）的老师，孔汲又是孟子的老师。因此，曾参上承孔子之道，下启思孟学派，在儒家文化中居有承上启下的重要地位，后世把他与孔子、孟子、颜回、孔汲并称为儒家五大圣人。

曾参曾经说："读书人不能不心胸宽广、意志坚强，因为他们肩负的责任重大，同时征途遥远。为什么这样说呢？因为他们把仁作为自己的责任，这能不重大吗？他们直到死才停息，这能说不遥远吗？"

日薄西山 rì bó xī shān

解释 薄：迫近。本义指太阳快要落山了。比喻衰老的人或腐朽的事物临近死亡。

出处 《汉书·扬雄传上》："临汨罗而自陨兮，恐日薄于西山。"

例句 许多腐朽思想，有的已进了博物馆，有的日薄西山，也快进博物馆了。

扬雄是西汉伟大的文学家和方言学家，字子云，四川成都人。他的祖先本身居住在黄河和汾河之间，后来为了躲避战乱和仇敌，逐渐西移，最终定居在岷山南面的郫县。

扬雄从小就爱好学习，为人豪爽，但他口齿结巴，说话不流利，因此喜欢沉默深思。他不过分追求富贵，不担忧害怕贫贱，不假装清廉而博取名声。他有宏伟的抱负，博览圣贤典籍，爱好作辞写赋。在扬雄之前，四川有个文学家司马相如，扬雄非常佩服他的文采，经常模仿他的作品。后来，他又觉得屈原的文才超过了司马相如，每次读屈原的文章，没有不流眼泪的。他认为，有才有德的人，遇上好时代就能全面推行自己的政治主张，遇上不好的时代就应该委曲求全，有没有机会是人的命运，何必投水自杀呢！于是他写了一篇文章，每每摘引《离骚》的文句而反用其义，从岷山投到江中去哀悼屈原，题为《反离骚》。其中有一段这样写道："美玉的碎屑和秋天的菊花啊，吃它是为了延长生命。本不想死的人儿啊，来到汨罗而自杀；留恋这心爱的世界啊，害怕太阳迫近西山。解开绑在扶桑树上的马缰啊，放手让马儿驰骋。即使凤凰飞腾也赶不上啊，难道是风神和云神？"

日暮途穷 rì mù tú qióng

解释 途：道路。本义指天色已晚，路也走到尽头。比喻力竭计穷，到了末日。

出处 《史记·伍子胥列传》：“为我谢申包胥曰：‘吾日莫途远，吾故倒行而逆施之。’”

例句 他已经到了日暮途穷的境地了。

伍子胥本来是春秋时期楚国人，他的父亲伍奢，是楚平王太子建的太傅。太子建另外有一个少傅费无忌，对太子不忠诚，离开太子而去侍奉平王。费无忌害怕有朝一日楚平王死后建太子继位会杀掉自己，就诋毁建太子打算谋反。楚平王因此拷问身为太子老师的伍奢，伍奢据理直言，楚平王却一味偏信费无忌，最终杀掉伍奢和伍子胥的哥哥伍尚，追杀太子和伍子胥。伍子胥逃到吴国，帮助吴王阖闾夺得了王位。之后，伍子胥带领吴国军队攻破了楚国。

当初，伍子胥逃亡时对好朋友申包胥说：“我一定要灭亡楚国。”申包胥说：“我一定要守卫它。”等到吴国军队攻入楚国都城，楚平王早已死掉，继位的楚昭王逃到了别的国家。伍子胥找不到楚昭王，就挖开楚平王的坟墓，弄出他的尸体，鞭打三百下，才算了结。申包胥逃到了山里，派人对伍子胥说：“你的复仇恐怕已经太过分了吧。古语说，人多就能胜天，但天也一定能灭人。你原来算楚平王的臣子，亲自面向北而侍奉过他。现在竟然到了侮辱死人的地步，这难道不是没有天理到极点了吗？”伍子胥说：“替我向申包胥表示歉意，我好像是一个太阳快要落山而路途仍很遥远的行路人，因此才做和常理相违背的事情。”后来伍子胥因为屡次劝谏吴王夫差，又遭到谗言，被赐自杀。

如火如荼 rú huǒ rú tú

解释 荼：茅、芦之类的白花。原本形容军容的盛大。现多用来形容行动、场面的旺盛、热烈。

出处 《国语·吴语》：“万人以为方阵，皆白裳、白旗、素甲、白羽之矰，望之如荼……左军亦如之，皆赤裳、赤旟、丹甲、朱羽之矰，望之如火。”

例句 老师组织的学习互助小组活动在班级内开展得如火如荼，极大地带动了同学们的学习热情。

春秋时期，吴国和晋国争夺霸主，两国约定第二天中午决战。当天黄昏，吴王夫差就发布命令，让士卒饱餐、喂足战马。半夜时分下令全军三万人每一万人组成一个方阵，分成左中右三军。吴王亲自拿着钺，身旁竖着白色的军旗站在方阵中间。中军的一万人都穿上白色的裤子，打着白色的旗帜，披着白色的铠甲，带着白色羽毛制作的箭，远看就像一片白色的芦花。左军也像中军这样排列，但都穿着红色的裤子，打着红色的旗帜，披着红色的铠甲，带着红色羽毛制作的箭，远看就像一片鲜红的火焰。右军也像中军那样排列，但都穿着黑色的裤子，打着黑色的旗帜，披着黑色的铠甲，带着黑色羽毛制作的箭，远看就像一片黑色的乌云。吴王三军气势十足地向前行进，鸡鸣时分摆定阵势，距离晋军只有一里路。天色刚刚放亮，吴王亲自擂起战鼓，三军齐声呐喊，声震天地，晋军大惊，不敢出来应战。由于被吴国武力所震慑，晋君派去使者，表示愿意让步，同意夫差为诸侯霸主，吴王于是撤兵回国。

如鸟兽散 rú niǎo shòu sàn

解释 像受惊的鸟兽一样四处奔逃。

出处 《汉书·李陵传》：“今无兵复战，天明坐受缚矣！各鸟兽散，犹有得脱归报天子者。”

例句 人民解放军横渡长江，南京的国民政府如鸟兽散。

西汉时期，飞将军李广的孙子李陵带兵五千进攻匈奴。一开始进军顺利，深入到了匈奴腹地，与匈奴首领单于的军队连续作战十几天，杀死杀伤匈奴士兵无数，以至于匈奴方面救助死者、扶助伤者都来不及。

面对李陵的凌厉攻势，匈奴统治者大为震惊。在接连的败仗之后，单于命令左贤王、右贤王全体出动，带领匈奴全国能拉弓射箭的人，共三万多人迎战李陵。由于寡不敌众，援兵不至，李陵带领部队边战边退，最终弹尽粮绝，被匈奴大军围困在山谷当中。又经过几轮激烈的战斗，李陵部下死伤如积，能够站起来的人已不多。李陵看了看情况，说：“现在没有武器再战，等天亮后就只能坐等被俘。大家各自分散逃命，可能还有能逃掉回去向天子报信的。”于是每人分了二升粮、一片冰。等到半夜时，李陵和十几个人分散突围，匈奴派了几千骑兵追击。途中，副手韩延年战死。李陵说：“没有面目再向皇帝陛下报告了。”于是下马投降了匈奴。

如鱼得水 rú yú dé shuǐ

解释 比喻得到跟自己很投合的人，或找到适合自己的环境。

出处 《三国志·蜀志·诸葛亮传》："先主解之曰：'孤之有孔明，犹鱼之有水也。'"

例句 我们是应运而生，活在这个时代，真是如鱼得水！

东汉末年，刘备在军阀混战中长期找不到自己的政治出路，寄居在荆州牧刘表之下，刘表让他屯住在新野县。名士徐庶去拜见他，对他说："诸葛亮是卧龙，将军您可愿意见见他吗？"刘备说："您叫他和您一起来吧。"徐庶说："这个人可以去拜访，但不能委曲他的志节而召唤他来。您应该屈尊前去拜望他。"刘备听从徐庶的建议，三顾茅庐终于见到了诸葛亮。

随后在两人的密谈中，诸葛亮帮助刘备分析了天下大势，提出了"占据荆州、益州，向南安抚少数民族，对外结好孙权，对内改革政治，北抗曹操，兴复汉室"的"隆中对策"。隆中对策此后一直是蜀国的指导性纲领。刘备听了这些见解非常高兴，与诸葛亮的关系也一天比一天亲密。看到这种情况，关羽、张飞等人很不高兴，刘备向他们解释说："我有了诸葛孔明，就像鱼有了水一样。希望你们不要再说什么了。"关羽、张飞也就停止了议论。

如坐针毡 rú zuò zhēn zhān

解释 针毡：里面放有钢针的毡垫。比喻心神不定，坐立不安。

出处 《晋书·杜锡传》："性亮直忠烈，屡谏愍怀太子，言辞恳切，太子患之。后置针著锡常所坐处毡中，刺之流血。"

例句 他一会儿望望电话机，一会儿望望门，魂不守舍，如坐针毡。

杜锡是西晋时期的大臣，年少时就很有名望。最初作长沙王司马乂的文学（官名，相当于教官、老师），后来当了愍怀太子身边传宣诏命、以备顾问的中书舍人。愍怀太子小的时候非常聪明，很得爷爷晋武帝司马炎的喜爱，父亲司马衷继位后，皇后贾南风因为愍怀太子不是自己亲生，就想破坏他继位的资格。贾后故意唆使太子身边的宦官放松管教，任其变得学业荒疏，性格顽戾，浪荡不羁。杜锡性情耿直忠烈，多次劝谏愍怀太子，言辞恳切，以至于太子见到他都发愁。后来，太子就在杜锡常坐之处的毡垫中放上了钢针，把杜锡扎出了血。太子不学无术，他模仿屠夫外公在宫中卖肉，又在宫中设立市场，销售菜蔬鸡鸭米面等杂货，从中渔利。贾后在时机成熟后，派人将愍怀太子骗入宫中灌醉，让他抄写下贾后自己拟就的谋反文告。司马衷看到文告，勃然大怒，废掉了愍怀太子作为皇位继承人的资格，驱逐到许昌居住。第二年，贾后又派人到许昌杀死了愍怀太子。

入木三分 rù mù sān fēn

解释	分：长度单位，一寸的十分之一。本指书法笔力劲健。后用来比喻描写或议论深刻。
出处	唐·张怀瓘《书断·王羲之》："王羲之书祝版，工人削之，笔入木三分。"
例句	《红楼梦》对王熙凤这个人物的刻画，真是入木三分。

王羲之，东晋人，我国古代伟大的书法家，后人尊他为"书圣"。因官至右军将军，世人又称他为"王右军"。他儿子王献之的书法也很好，人们合称他俩为"二王"。王羲之的书法"飘若浮云，矫若惊龙"，被誉为"古今之冠"。

王羲之精研多种书法体势，其代表作有楷书《乐毅论》《黄庭经》，草书《十七帖》、行书《快雪时晴帖》《丧乱帖》、行楷《兰亭序》等等。其中《兰亭序》被称作"天下第一行书"，传说唐太宗李世民生前十分珍爱它，死时遗命将其殉葬昭陵，现在世间所流传的都是它的临摹本。

关于王羲之的传说故事非常多，唐代书法评论家张怀瓘在其《书断》中记载，东晋皇帝在北郊祭祀时（祭祀时要把祝文写在木板上，每次更换新的祝词），命令工匠削除以前的祝文，而以前的祝文恰是王羲之书写的，当工匠削除时，发现其笔迹已经深入木板，深达三分。又说，他三十三岁时写了《兰亭序》，三十七岁时写了《黄庭经》，刚刚写完，就听见天空中有人说："你的书法连我都感动了，何况尘世之人呢？"

塞翁失马 sài wēng shī mǎ

解释 塞：边塞。翁：老头。比喻祸福相倚，坏事变成好事。

出处 《淮南子·人间》："近塞上之人，有善术者，马无故亡而入胡……故福之为祸，祸之为福，化不可极，深不可测也。"

例句 他没考上大学，但由此发愤努力，自学成材，真是塞翁失马，安知非福。

《淮南子·人间》讲了这样一个故事：靠近边塞，住着一个老头，善于推算谋划。有一天，他们家养的马无缘无故跑到了边境之外的胡人那里，同村人都来对他表示同情。这个老头说："马跑就跑了吧，这何尝又不是一件好事呢？"过了几个月，那匹跑掉的马又跑了回来，而且还带着另外的几匹骏马，同村人又非常羡慕，都来向他表示祝贺。这个老头又说："多了几匹马，这何尝又不是祸害呢？"因为家里多了这几匹好马，他的儿子就喜欢骑着飞跑，不料有一次从马上掉下来，摔断了大腿，成了残疾人。同村人又觉得很惋惜，都来看望。这个老头又说："摔断大腿，变成跛子，这何尝又不是一件好事呢？"又过了一年，塞外的胡人大举进攻，朝廷征召兵员，凡是身体强壮的成年男子全都举刀拿枪、开弓射箭地上了战场。战斗之后，住在边塞附近的人家，十有八九都战死在了疆场，而老翁的儿子，正因为瘸腿的缘故没有上战场，从而得以保全了性命。

《淮南子》在讲完这个故事后感叹说，灾祸和幸福可以相互转化，至于如何转化则难以预料。福可以变为祸，祸也可以变为福，它们的变化不可探究，它们的深邃也不可穷尽。

三顾茅庐 sān gù máo lú

解释 顾：探望；拜访。茅庐：茅草屋。本指刘备三次拜访诸葛亮，直到第三次才见到。后用来比喻对贤才的诚心邀请。

出处 《三国志·蜀志·诸葛亮传》："臣本布衣，躬耕于南阳，苟全性命于乱世，不求闻达于诸侯。先帝不以臣卑鄙，猥自枉屈，三顾臣于草庐之中，谘以当世之事，由是感激，遂许先帝以驱驰。后值倾覆，受任于败军之际，奉命于危难之间，尔来二十有一年矣。"

例句 校长三顾茅庐，诚恳地邀请李老师主持高三年级的工作。

诸葛亮年轻的时候就有出众的才能、英雄的气概。他身材高大，容貌魁伟，当时的人都觉得他不同寻常。东汉末年，天下纷乱，诸葛亮随叔父诸葛玄到荆州避难，亲自在山野中耕作，不追求显赫的生活。当时刘备也流亡到了荆州，驻扎在新野，听说了诸葛亮非凡的才能，心生结纳之意，又接受徐庶的建议，亲自登门拜访，去了三次才终于见到他。当时正值隆冬，诸葛亮给刘备分析了天下的形式，指出了刘备成功的途径，这就是著名的"隆中对策"。此后诸葛亮一生效力于蜀国，安定蜀国、联合孙吴、抗击强曹、兴复汉室，成为三国时期著名的政治家、军事家和忠臣。刘备死后，诸葛亮辅佐后主刘禅。在一次北伐曹魏时，诸葛亮给刘禅写了一封《出师表》，其中写道："我本是一个普通百姓，在南阳过着自己耕作的生活，只希望能够在乱世中保全自己的生命，不企望能得到各位诸侯的赏识。先帝刘备不觉得我地位低微，三次屈尊到我的草庐拜访，征求我对天下大事的看法。由此，我内心感动，同意先帝的邀请，跟随他东奔西走，为国效力。"《出师表》真挚感人，成为千古传诵的名篇。

三十而立 sān shí ér lì

解释 本指人在三十岁左右知晓礼仪，做事有分寸。后用来表示人在三十岁前后应当有所成就。

出处 《论语·为政》：“吾十有五而志于学，三十而立，四十而不惑，五十而知天命，六十而耳顺，七十而从心所欲，不踰矩。”

例句 他们都是在二十几岁作出贡献，三十开外就荣获诺贝尔奖，真可谓三十而立。

《论语》是记载孔子及其主要学生的言行的一部书，由孔子的弟子及再传弟子编撰，从《学而》到《尧曰》共二十篇。

在第二篇《为政》中，孔子有一段话，大致叙述了自己一生的各个阶段，教导学生在每个阶段都要有每个阶段的收获。他说：“我十五岁时立下了学习的志愿；三十岁时学懂了礼仪，从此说话做事都有了把握；四十岁时掌握了各种知识，所以心里不犯糊涂；五十岁时懂得了天命；六十岁时，一听别人的言语，就可以分辨出真假，判定出是非；到了七十岁，便能做到既随心所欲，又不逾越规矩。”

丧心病狂 sàng xīn bìng kuáng

解释 丧失理智，昏乱失常。形容言行荒谬可恶至极。

出处 《宋史·范如圭传》："公不丧心病狂，奈何为此？必遗臭万世矣！"

例句 日军丧心病狂地屠杀了成千上万无辜的百姓。

范如圭，南宋时期建州（今福建）建阳人。年少的时候跟随舅舅胡安国学习《春秋》。后来考中进士，步入仕途。范如圭刚刚到达官任时，当地的长官将要处决犯人，范如圭指出了其中的错误，但长官认为已经签署的文件不能改变。范如圭神色严肃地说："你怎么能因为害怕改换一个字而轻视几个人的生命呢？"这位长官在范如圭的开导下猛然醒悟，听从了他的意见。从此以后，官府里的大小事情都要征求范如圭的意见。

当时秦桧在朝廷上极力主张与金和议，对金妥协。金国的使臣来宋国，没有地方住，秦桧就要搬空朝廷的秘书省让他们住。范如圭立即面见宰相赵鼎说："秘书省是收藏皇上诏谕的地方，可以让仇敌住在哪里吗？"赵鼎内心羞愧，只好改换了客馆。后来金国使臣非常狂慢，所提的建议很多都不能依从，朝廷内外人人都觉得愤恨郁闷。范如圭和十几个同事共同商议，准备联合上疏争论这事，写成草稿后，同事们大多又都害怕而退出。范如圭于是独自写信责备秦桧歪曲学理、背叛老师、忘却仇敌侮辱国家的罪过，而且还说："你如果不是丧失理智，昏乱失常，怎么会做这样的事情？你一定会遗臭万年！"秦桧非常恼怒。最终范如圭还是坚持起草了奏章，会同六位正直的史官向皇帝上疏，赢得了大家的尊敬。

声名狼藉 shēng míng láng jí

解释 声名：名声。狼藉：乱七八糟，不可收拾的样子。形容行为不检点，名声极差。

出处 《史记·蒙恬列传》："此四君者，皆为大失，而天下非之，以其君为不明，以是籍于诸侯。"

例句 他因为剽窃别人的学术成果而弄得声名狼藉。

秦始皇在出巡途中死亡后，在赵高和李斯的谋划下，废除原定的继承人扶苏，而由胡亥继位。秦二世一上台，赵高就假借胡亥之手，命令公子扶苏，大将蒙恬、蒙毅兄弟自尽。蒙氏兄弟不相信，请求申诉。胡亥派人对蒙毅说："先主始皇帝想确立太子，你却加以非难，以至于罪过牵连到你的宗族。朕不忍心，仅赐你一人自杀，也是很幸运的事了。你应当考虑一下。"蒙毅说："我跟随先主多年，非常了解先主的心思。先主选立太子，我哪里进谏过什么话？希望你们认真调查，让我死于实情。过去秦穆公杀死三位良臣给他殉葬，百里奚无罪却强加给他罪名，所以秦穆公的谥号是'缪'。昭襄王杀了白起，楚平王杀了伍奢，吴王夫差杀了伍子胥。这四位君主，都犯了大过失，天下都非议他们，认为他们不够贤明，因此在各国名声极差。希望你们以此为鉴，认真审查。"蒙氏兄弟都据理力争，使者虽然知道其中的隐情，但在胡亥的命令下，最终还是将其杀死。

师出无名 shī chū wú míng

解释 师：军队。本来表示出兵但无正当的理由。后来也表示行事而没有正当的理由。

出处 《汉书·高帝纪上》：“兵出无名，事故不成。”

例句 师出无名的事得不到群众的支持，是注定不能成功的。

汉高祖二年（公元前205年），正值楚汉相争之时。这年三月，汉王刘邦从临晋渡过黄河，魏王豹投降，率兵跟从汉王。随后，刘邦又攻下河内，设立了河内郡。紧接着，陈平又离开项羽归降汉王。汉王与陈平谈话，非常高兴，让他做了自己的陪乘，来监督各位将领。汉王又率军南渡黄河，到达洛阳，新城三老董公拦住汉王说：“我听说‘顺行德义者昌盛，违背德义者灭亡’，‘军队出征但没有正当的理由，军事行动就不会成功’，所以说‘指明他是逆贼，敌人才可以征服’。项羽行事暴虐无道，流放杀死他的君主，为天下人所怨。仁爱不靠武勇，正义不靠暴力，汉王三军将士，应当为义帝穿孝服，并晓谕诸侯，为了替义帝报仇才东伐项羽。这样一来，四海之内无不仰慕汉王您的德义。”汉王说：“太好了。不是您我还听不到这些高见。”于是汉王为义帝发丧，袒露左臂大哭，公祭三天，通告诸侯愿意和他们一起讨伐项羽。

由于刘邦出师有名，争取到了各路诸侯的支持，为最终战败项羽打下了基础。

守株待兔 shǒu zhū dài tù

解释 株：树桩。守着树桩，等待兔子在树桩上碰死。后用来比喻死守狭隘的经验，而不知变通。

出处 《韩非子·五蠹》："宋人有耕田者，田中有株，兔走，触柱折颈而死，因释其耒而守株，冀复得兔，兔不可复得，而身为宋国笑。今欲以先王之政，治当世之民，皆守株之类也。"

例句 当前有些豪华商店热衷于做高价位、高利润的生意，营业员面对空空荡荡的店堂"守株待兔"，准备逮住"大腕"做笔大生意。

战国末期的韩非子在《五蠹》中说，圣人不期望效法古代，不按固定不变的老规矩办事，而是研究当代的形势，采取新的措施。他在讲解这个道理的时候举例道：宋国有一个耕田的人，田中有根树桩子，一只兔子跑来，恰好撞在树桩上折断脖子死了。从此他放下农具，整天守着树桩，希望再捡到撞死的兔子。但最终也没有捡到兔子，自己却被宋国人嘲笑。现在打算用先王的办法来治理当代的百姓，都属于守株待兔这一类啊！

鼠目寸光 shǔ mù cùn guāng

解释 老鼠的眼睛只能看到一寸远。形容目光短浅，没有远见。

出处 清·蒋士铨《桂林霜·完忠》："俺主公豁达大度，兼容并包，尔反鼠目寸光、执迷不悟。"

例句 他这个人是没有什么深谋远虑的，看问题鼠目寸光。

蒋士铨是乾隆时代最负盛名的戏曲家，他写的传奇《桂林霜》宣扬忠孝节义，写康熙时代，广西巡抚马雄镇拒绝跟随吴三桂谋叛，全家被关在监狱中四年，后全部遇害。在《桂林霜·完忠》一节里，叛乱者劝降时说："我们主公心胸开阔，你反倒目光短浅，固执己见，坚持错误而不明事理。"但马雄镇终不为所动，最后与儿子同时遇害，家眷二十余人同时自杀，为国尽忠，成就了一代英名。

双管齐下 shuāng guǎn qí xià

解释 管：毛笔，画笔。本指两手各握一支毛笔，同时作画。后常用来比喻两方面或两件事同时进行。

出处 宋·郭若虚《图画见闻志·故事拾遗》："唐张璪员外画山水松石名重于世，尤于画松特出意象，能手握双管，一时齐下，一为生枝，一为枯干，势凌风雨，气傲烟霞。"

例句 他轻轻地叩了两下门环，又低声假嗽一两下，为的是双管齐下，好惹起院内的注意。

张璪（zǎo），字文通，吴郡（今江苏苏州）人，唐代画家。他因为在安史之乱时曾任伪职，所以在政治上不得意。但他作画的水平极高，以至于当时的著名画家毕宏都惊问他是从哪里学来的。

张璪最擅长画山水画，尤以精于画松石而闻名当世，他的松石画中常常能透露出独特的意象。张璪能够一手拿两根毛笔同时作画，更奇特的是，这两支笔可以同时画出不同的景象，一支画出鲜活的松枝，一支画出干枯的树干，表现出的气势超越了风雨和烟霞。他还能用手直接蘸墨在白绢上作画。

他的画作多山水，重灵感，富于激情，是唐代水墨山水画的代表。同时，他所提出的"外师造化，中得心源"（师法大自然，同时内心多加揣摩）的创作方法，以及客观物象与主观情感相统一的绘画主张，在中国美术史上有重大意义，对后世的绘画理论也有很大的影响。

水滴石穿 shuǐ dī shí chuān

解释 水不停地滴，能把石头滴穿。比喻只要持之以恒，日久天长，自会做成难以想象的事情。

出处 《汉书·枚乘传》："泰山之溜穿石，单极之绠断干，水非石之钻，索非木之锯，渐靡使之然也。"

例句 学习贵在坚持，日积月累、水滴石穿，通过长时间的积累，水平自然就会提高。

枚乘是西汉著名的文学家，江苏淮阴人，曾经作过吴王刘濞掌管诏策文书的郎中官。枚乘在刘濞发动七国叛乱前，曾上书谏阻他起兵，叛乱中，又劝谏他罢兵，吴王均不听从。后来，吴王的叛乱被平定，而枚乘也由此出名。

在谏阻吴王刘濞叛乱的奏疏中，枚乘说："福的产生有基础，祸的产生有根源，接受产生福的基础，杜绝产生祸的根源。祸从何处来的呢？泰山流下来的水可以滴穿石头，井上辘轳的绳索可以磨断木栏。水本身并非能钻透硬石的钻子，绳本身并非能锯断木头的锯子，这是逐渐浸润摩擦的结果。"枚乘希望吴王积累德行，了解背弃义礼的危害，三思而后行，早早地在错误发生前将其消灭在萌芽状态。吴王没有采纳他的意见，枚乘就离开他，去了梁国。

水落石出 shuǐ luò shí chū

解释 水位下降后石头显露出来。后用以比喻事物真相完全显露。

出处 宋·欧阳修《醉翁亭记》："野芳发而幽香，佳木秀而繁阴，风霜高洁，水落而石出者，山间之四时也。"

例句 我们万不能半途而废，一定要弄他个水落石出才好。

欧阳修，字永叔，号醉翁、六一居士，吉州（今江西）人。为"唐宋八大家"之一，北宋文学家、史学家，自身文才非凡，同时喜欢奖掖后进，苏洵、苏轼、苏辙父子三人以及曾巩、王安石都出自他的门下。欧阳修在担任安徽滁州知州的两年多时间里，创作了大量的诗歌和散文，其中最为脍炙人口的便是《醉翁亭记》。

在这篇优美的散文中，作者写道："滁州城四面青山环绕，而城西南山峰中，树木和溪谷尤其优美。远远望去，那林木茂盛、幽深秀丽的地方，就是琅琊山。沿山前行六七里，渐渐会听到潺潺的水声，那就是从两座山峰中间流淌出来的酿泉。在回环的山势和弯转的山路间，有座亭子四角翘起，像鸟张开翅膀，高踞在泉水之上，那就是醉翁亭。建亭的人是谁？是山中的和尚智仙。给它取名的人是谁？是太守自己啊。太守和客人到这里来喝酒，喝一点就醉了，而且年龄又最大，所以自己取号叫醉翁。醉翁的情趣不在于喝酒，而在于美丽的山水之间。山水的乐趣，是寄托在酒上，领会在心里。"紧接着作者又对山中春夏秋冬的景色进行了描写："野花开放，散发出清幽的香气，树木繁茂，形成浓郁的绿荫，凉风清爽，霜色洁白，泉水回落，石头显露，这便是山中四季的美景。"

《醉翁亭记》不但描写了醉翁亭的美景，还勾勒出一幅太守与民同乐的图画，抒发了作者的政治抱负，成为传诵千古的名篇。

水深火热 shuǐ shēn huǒ rè

解释 比喻生活处境异常艰难痛苦。

出处 《孟子·梁惠王下》：“箪食壶浆以迎王师，岂有他哉？避水火也。如水益深，如火益热，亦运而已矣。”

例句 外敌入侵，军阀混战，人民挣扎在水深火热之中。

战国时，齐国打败了燕国。齐宣王问孟子：“有人劝我吞并燕国，也有人劝我不要吞并它。一个拥有万辆兵车的大国去攻打实力同样雄厚的大国，只用五十天便打了下来，我认为这不是光凭人力就能做到的，这大概是天意。如果我们不吞并它，上天会认为我们违犯了天意而降下灾害。不如吞并了它，怎么样？”

孟子说：“如果吞并它而燕国的百姓高兴，就吞并它，周武王就曾经这样做过。如果吞并它后燕国的百姓不高兴，那就不要吞并它，周文王也这样做过。以齐国这样拥有万辆兵车的大国，来攻打同样拥有万辆兵车的燕国，而燕国的百姓都用筐子装着吃的，用壶盛着喝的来欢迎您的军队，难道还有别的意思吗？只不过是想逃离那水深火热的苦难生活罢了。如果百姓以后的生活更加痛苦、灾难更加深重，他们就会对您失去信心，转而寻求其他的明君。”

水中捞月 shuǐ zhōng lāo yuè

解释 到水里去打捞月亮。比喻去做根本做不到的事情，只能白费力气。

出处 《摩诃僧祇律》卷七："时猕猴主见是月影，语诸伴言：'月今日死，落在井中，当共出之。莫令世间长夜闇冥。'共作议言，云何能出。时猕猴主言：'我知出法，我捉树枝，汝捉我尾，展转相连，乃可出之。'"

例句 从物欲上求快乐，无异于水中捞月，永远不会达到目的。

这是佛祖对各位听讲的僧众讲的一个故事。在遥远的过去，伽尸国有个波罗奈城，城中的空闲处生活着一群猕猴，整天在树林里游玩。一天晚上，月光皎洁，这群猕猴跑到一棵树下的井边玩，看到了井中的月影。这时，猴王对群猴说："月亮现在落到井里要淹死了，我们应该一起救出它，不要让世间的黑夜变得黯淡无光。"猴子们议论纷纷，都说那该怎样救呢？猴王又说："我知道办法。我捉住树枝，你们抓住我的尾巴，我们一个接一个，就可以下到井里捞出它了。"于是猴子们就按照猴王的安排，一个抓住一个的尾巴，向井里的月影接近。连接的猴子越来越多，还没有到达水面，树枝就被压断了，猴子们一下掉到了井里。树神看见了，就说："你们这群吃野果的傻家伙，真是笨蛋跟随傻瓜。水中的月亮怎能救起？在我看来简直是自找烦恼，这样的思维又怎能拯救整个世间呢？"

sī mǎ zhāo zhī xīn　lù rén jiē zhī

司马昭之心，路人皆知

解释　比喻人所共知的野心。

出处　《三国志·魏志·高贵乡公纪》裴松之注引《汉晋春秋》：“（帝）曰：‘司马昭之心，路人所知也。吾不能坐受废辱，今日当与卿等自出讨之。’”

三国曹魏后期，司马懿总揽大权，他死后由儿子司马师继承其位，司马师死后，又由司马师的弟弟司马昭继任大将军。司马氏经过几代人的经营，把持了曹魏国政，皇帝基本成了摆设。当时的少帝叫曹髦，他见皇帝的威势和权利一天天衰落，内心非常气愤。就秘密召来侍中王沈、尚书王经以及散骑常侍王业，对他们说：“司马昭的心思，连路上的行人都知道。我不能坐等他废掉我而受辱，今天打算和你们杀出宫门一起去讨伐他。”王经认为司马氏久掌国权，人心已经归附于他，而且皇宫卫士量少力弱，不足与之抗衡，用武力反抗的事情应当重新加以详细考虑。曹髦掏出怀中的玉牌扔在地上，发誓说：“我已经决定。正打算豁出命去，死又有什么？何况如果成功还不一定死呢。”

王沈、王业赶紧跑出去报告了司马昭，司马昭刚做好准备，曹髦就率领着几百个奴仆大喊着从皇宫中冲了出来。司马昭的部队遭皇帝呵斥，纷纷后退，曹髦手舞长剑，与司马昭的手下贾充奋勇作战。贾充手下一个叫成济的将领问贾充该怎么办，贾充怒斥道：“养你们这些人正是为了今天，还用问什么？”成济于是上前加入战斗，狠狠一刀，刺中曹髦，刀刃都从后面露出了脊背。

曹髦死后，司马昭又立曹奂为帝，继续控制曹魏政权。五年后，司马昭的儿子司马炎废掉曹奂，自立为王，建立了西晋。

死不瞑目 sǐ bù míng mù

解释 瞑：闭，合上。死了也不闭眼。表示心事未了，死了也有遗憾。

出处 《三国志·吴志·孙坚传》：“坚曰：‘卓逆天无道，荡覆王室，今不夷汝三族，县示四海，则吾死不瞑目。’”

例句 素以“扭亏圣手”著称的企业家向大家立下军令状：不把化肥厂搞上去死不瞑目。

东汉末年，宦官和内戚轮流执政，朝廷腐败凋敝，百姓处于水深火热之中，最终爆发了黄巾大起义。董卓是西北地区甘肃临洮人，他在征讨黄巾军的过程中逐渐建立起了自己的军队，盘踞在河东地区，不肯接受朝廷的调度。后来，在宦官和内戚的斗争中，董卓趁机带兵进京，控制了中央政权。此后董卓秽乱后宫、放纵士兵草菅人命、搜刮民财、虐待大臣，引起了天下之人的公愤。

汉灵帝死后，董卓专擅朝政，在京城骄横放纵。各州郡共同起兵，推举袁术作为领导人，打算征讨董卓，孙坚也积极响应。孙坚是孙权的父亲，当时地位尚低，他带领人马拜见袁术，袁术上表推荐他担任破虏将军、豫州刺史。此后，在讨伐董卓的战争中，孙坚勇敢坚定，多次失败后仍坚持战斗，终于在阳人（地名）大败董卓的军队，杀死了董卓的大都督华雄。

阳人大捷之后，董卓对孙坚的勇猛顽强非常忌惮，打算收买他。就派手下过来，让孙坚开列一个子弟亲信的名单，以便朝廷按名单分封赏赐。孙坚义正词严地说：“董卓违逆天命，颠覆王室，大逆不道。今天不诛杀你父母妻子的宗族，不将你的罪行昭示于天下，我死也不会闭上眼睛。又怎会与你和亲呢?”孙坚终因自己的勇敢和坚定，成为吴国事业的奠基人和开创者。

死灰复燃 sǐ huī fù rán

解释 复：又，再。比喻失势者重新得势或停息的事物又重新活动起来。

出处 《史记·韩长孺列传》："蒙狱吏田甲辱安国，安国曰：'死灰独不复然乎？'"

例句 吸毒、赌博等丑恶的现象在新形势下死灰复燃，引起了政府的高度警惕。

韩安国，字长孺，西汉梁国成安人。他年轻时曾在山东邹平县跟随田生学习《韩子》及杂家学说，后来在梁国梁孝王朝内当中大夫。七国之乱时，韩安国带兵阻击叛军，他沉稳持重、指挥得当，叛军始终被阻挡在梁国之外，因而名扬天下。后来，当梁孝王受到汉景帝猜忌时，又作为梁王的使臣前往长安，疏通了双方的关系，显示了自己出众的交际才能。

韩安国曾因触犯法律被囚禁在梁国蒙县的监狱，狱吏田甲羞辱他。韩安国说："死灰难道不会再燃烧吗？"田甲说："如果燃烧起来，我就用尿把他浇灭。"不久，梁国缺乏内史官（西汉时各诸侯国内由朝廷选派的民政官员）的人选，西汉朝廷派使者拜韩安国为梁国内史，韩安国一下从监狱犯人变为年薪两千石的高级官员，田甲吓得逃走了。韩安国说："田甲你要是不上班，我就诛灭你的家族。"田甲只得袒露身体、负荆请罪。韩安国笑着说："你现在可撒尿来浇灭我了！不过你们实在不值得我来跟你们计较。"最终没有为难田甲。

韩安国后来担任了御史大夫（地位仅次于丞相，掌管弹劾纠察及图籍秘书），在和匈奴的斗争中主张和亲政策，得到汉武帝的器重，成为当时著名的政治家。

四面楚歌 sì miàn chǔ gē

解释 比喻处于四面受敌、孤立无援的境地。

出处 《史记·项羽本纪》："项王军壁垓下，兵少食尽，汉军及诸侯兵围之数重。夜闻汉军四面皆楚歌，项王乃大惊曰：'汉皆已得楚乎？是何楚人之多也！'"

例句 李陵被匈奴追逼到一个山谷中，孤立无援，四面楚歌，不得已而投降。

项羽、刘邦推翻秦王朝以后，两家之间又进行了长达五年的楚汉战争。由于项羽刚愎自用，错失了多次良机，最后被刘邦打败，退驻在垓下。当时项羽的士兵少，军粮也已吃完，汉军和诸侯的军队把他们包围了好几重。晚上听见汉军军营四面都在唱楚地的民歌，项羽大惊，说："难道汉军已经把楚国全部占领了吗？为何他们那里有那么多的楚国人呢？"于是项羽就起来在帐中饮酒。看到陪伴自己的美人虞姬和战马乌骓，项羽非常难过，他慷慨悲歌，唱到："力拔山啊气盖世，天时不利啊骓不跑。骓不跑啊怎么办？虞姬又该怎么办？"项羽唱了好几遍，唱着唱着流下了眼泪，手下的人也都跟着哭了。

随后项羽带领八百多名壮士趁着夜色突出重围，等跑到东城，项羽身边只剩下二十八个骑兵，而汉军追击的骑兵有几千人。一番血战后，项羽自知大势已去，便在乌江边上自刎而死。

四体不勤 sì tǐ bù qín

解释 四体：四肢。勤：辛劳。本指不参加劳作。后用以比喻好吃懒做。

出处 《论语·微子》：“丈人曰：‘四体不勤，五谷不分，孰为夫子？’”

例句 饭来张口，衣来伸手，造成了孩子四体不勤、自理能力差的恶果。

春秋时期，子路跟随老师孔子周游列国。有一天行路时落到了后面，子路正着急，遇到一位老农用手杖挑着农具，于是赶紧问到：“您见到夫子了吗？”老农看了一眼子路，说：“不参加农业劳动，连五谷都分辨不清楚，谁可以称为夫子？”然后把手杖插在地里，开始除草。子路恭敬地站在一边，一直等他干完农活。于是老农请子路到他家里过夜，还杀鸡做饭招待，并让自己的儿子来拜见。

第二天子路赶上孔子，就把昨天的事情告诉了老师。孔子说：“这是一位隐士。”孔子也想和老农谈谈，就叫子路马上回去找他。子路返回那里，老农已经外出，没有找到。孔子就告诫子路说：“不为国家效力，生命就没有意义。像老农这样隐居起来，是独自想在污浊的世界里保持自己一人的清白，但他忘记了为国为君奉献的大道理，这不是道德高尚的君子所追求的事情。”

他山之石 tā shān zhī shí

解释 本作“它山之石”，今多写作“他山之石”。意思是别国的贤才也可用来辅佐本国，正如别的山上的石头也可作为砺石，用来琢磨玉器。后用来比喻能帮助自己改正缺点或提供借鉴的外力。

出处 《诗经·小雅·鹤鸣》：“它山之石，可以为错。……它山之石，可以攻玉。”

例句 我们应该在修身处世的方面做到他山之石，可以攻玉。

《诗经》是我国第一部诗歌总集，共305篇，分为《风》《雅》《颂》三部分。《雅》是周代朝廷贵族的乐歌，又分为《大雅》和《小雅》。《小雅》大部分是西周作品，也有部分篇目是东周时代的，其内容包括祭祀、宴飨、讽刺、歌颂、劝诫、勉励、记事、抒情等方面，在一定程度上反映了周代社会的现实。

《鹤鸣》是《小雅》中的名篇之一。这首诗讽喻王朝统治者重视使用下层的人才，注意招贤纳士，被认为是我国招隐诗的鼻祖。全诗共两段，每段九句：

鹤鸣于九皋，声闻于野。
鱼潜在渊，或在于渚。
乐彼之园，爰有树檀，其下维萚（tuò）。
它山之石，可以为错。
鹤鸣于九皋，声闻于天。
鱼在于渚，或潜在渊。
乐彼之园，爰有树檀，其下维榖（gǔ）。
它山之石，可以攻玉。

螳臂当车 táng bì dāng chē

解释 当：阻挡。比喻自不量力，招致失败。

出处 《庄子·人间世》："汝不知夫螳螂乎？怒其臂以当车辙，不知其不胜任也。"

例句 改革开放是当代中国发展的大趋势，如果想扭转或阻碍这一大趋势，那无异于螳臂当车，其结果是十分可悲的。

《人世间》是《庄子》中非常重要的一篇，主要讨论了处世之道。其中讲到颜阖被请去作卫国太子的老师，临行前他向卫国贤人蘧伯玉讨教，如何跟一个天性凶残的人相处。蘧伯玉认为，首先要端正自己、了解自己、了解对方，然后表面上顺从依就，内心暗暗疏导。

同时，他举了三个例子，其中第一个就是"螳臂当车"。他说："你不了解那螳螂吗？他奋起自己的臂膀去阻挡滚动的车轮，不明白自己的力量全然不能胜任，还以为自己才能出众呢。"蘧伯玉先用这个故事说明一定要了解自己。然后，他又举老虎和养虎人的例子，讲养虎的人因为能摸透老虎的性情，才使它摇尾乞怜。说明应了解对方，顺应对方。最后，他又举马和爱马人的例子，讲爱马之人用精美的竹筐装马粪，用珍贵的蛤壳接马尿，刚好有蚊虻叮在马身上，他出于爱惜去拍击，不想使爱马受惊，弄断了勒口，挣断了辔头，弄坏了胸络。他本意出于爱马，最终却失其所爱，说明了适时谨慎地做事的重要性。

天花乱坠 tiān huā luàn zhuì

解释 乱坠：纷纷扬扬地坠落。原指佛祖讲经，感动天神，各色香花纷纷下坠。后用以形容言谈虚妄、动听而不切实际。

出处 《妙法莲华经》：“是时天雨曼陀罗华、摩诃曼陀罗华、曼殊沙华、摩诃曼殊沙华，而散佛上及诸大众。”

例句 药品推销员常常把很普通的药说得天花乱坠，让人将信将疑。

传说佛祖说法时，周围大众环绕，各位供养人都恭恭敬敬表现出尊重的姿态，听到精彩之处就会不断赞叹。有一次，佛祖给大众讲解大乘经典，刚讲完一部分，就盘腿而坐，陷入佛境，身心不动。这时，诸天都被感动，撒下曼陀罗花（在印度被视为神圣的植物，多栽培在寺院）、大曼陀罗花、赤团花、大赤团花等各种香花，散落在佛祖和各位听众身上。这时大地出现六种震动，又引发众人内心的震动，达到了以前从未具有的境界，使得各位心怀欢喜，一心向佛。又传说南北朝梁武帝时，高僧云光法师讲经时也感动上天，使得香花从空中纷纷落下。

天经地义 tiān jīng dì yì

解释 天地间本当如此、不可更改的道理。

出处 《左传·昭公二十五年》："夫礼，天之经也，地之义也，民之行也。"

例句 人要为生存而劳动、奋斗，这是天经地义的。

春秋时期，晋国大臣赵鞅在晋国黄父（地名）会见各诸侯国大臣，商量如何安定动荡的周王室。赵鞅命令各诸侯国的大夫们向流离中的周天子输送粮食，并调动好保卫王室的将士，决定第二年送天子回到故都。这时，恰好郑国的大臣吉进见赵鞅，赵鞅就向吉询问拜谢谦让、进退周旋的礼节。吉说："你问的这些都只是仪式，不是礼节。"赵鞅又问："那什么叫礼呢？"吉回答说："我从我们国家以前的大臣子产那里听说，礼是上天的法则，大地的根本，民众行动的依据。"然后又进行了深入的分析阐发，最后总结说："在上位者要谨慎行动，使人们相信政令，要用祸福赏罚来制约生死。如果最终悲哀、欢乐不违背礼节，就能跟天地的本性相和谐。"赵鞅听后赞叹不已，说："哎呀，礼的规模和含义，真是宏大到极点了。"

天衣无缝 tiān yī wú fèng

解释 上天神仙所穿的衣服没有衣缝。后用来比喻诗文自然浑成，或事物周密完美，无人为造作的痕迹。

出处 五代前蜀·牛峤《灵怪录·郭翰》："稍闻香气渐浓，翰甚怪之，仰视空中，见有人冉冉而下，直至翰前，乃一少女……徐视其衣并无缝。翰问之，曰：'天衣本非针线为也。'"

例句 王睿知擅长写小说，再长的故事情节也能编得天衣无缝。

郭翰是太原人，从小恬淡高贵，仪容不凡，口才出众，善于书法，尤其擅长草书、隶书。他从小就成了孤儿，一个人住。

有一年夏天的晚上，他趁着月光睡在院子里乘凉，不时感到清风吹拂，并且闻见有香气袭来，越来越浓。郭翰觉得这非常奇怪，抬头一看空中，有人慢慢地飘落下来，径直走到他面前。他定睛一看，竟然是个妙龄少女，长得姿态丰美，光彩照人。她穿着薄薄的黑纱衣，披着白色的纱肩，头戴像翠鸟尾上长羽一样的花冠，脚穿饰有多种美玉纹彩的鞋子，侍奉她的两个丫鬟也都容貌不凡，令人心神动荡。

郭翰赶紧端正衣帽，下床拜见，说："没想到您大驾光临，希望多多指教。"这位少女说："我是天上的织女，一直没有合适的对象，难遇美好的时光，所以愁思满怀。天帝恩赐我游览人间，我仰慕您高洁的品格，希望和您结为夫妇。"

此后一年间，织女几乎每天都来陪伴。有一天，郭翰在品尝织女从天上带来的美食时，发现织女的衣服上并没有一点衣缝。郭翰问她，织女说："天衣本身就不是用针线做的。"一年后，天帝命织女返回，织女最终和郭翰依依惜别，终生不复再见。

同流合污 tóng liú hé wū

解释 本指随俗浮沉。后用来表示随同坏人，为非作歹。

出处 《孟子·尽心下》："非之无举也，刺之无刺也；同乎流俗；合乎污世；居之似忠信，行之似廉洁；众皆悦之，自以为是；而不可与入尧舜之道，故曰德之贼也。"

例句 对于落后的青少年如不加强思想教育，他们就可能同社会上的坏人同流合污。

孟子的弟子万章问孟子："孔子在陈国的时候曾经说过，自己的学生志向远大但做事粗略。孔子为什么思念他这些狂放的学生呢?"孟子说："孔子说，得不到有中正大道之人来传授，就只能结识狂放之人和洁身自好之人，因为狂放的人勇于进取，洁身自好之人有所不为。孔子这是退而求其次的做法。"万章又问："孔子所说的伪善欺世、戕害道德的人是什么样的人呢?"孟子说："那种八面玲珑、四方讨好的人就是伪善欺世的人。"

万章又问："全乡的人都说某人是个老好人，他也处处表现为一个老好人，孔子却把他看成戕害道德的人，为什么呢?"孟子说："这种人，要批评他又举不出什么大错误，要指责他又没有可以挑剔的。他和浅薄的世俗同流，和污浊的尘世迎合，为人好像忠诚老实，行为好像廉正清洁，大家喜欢他，他也自以为是。但实际上，他完全违背了尧舜之道，所以说他是戕害道德的人。"

同室操戈 tóng shì cāo gē

解释 操：拿、持。比喻内部互相争斗、互相残杀。

出处 《后汉书·郑玄传》：“休见而叹曰：‘康成入吾室，操吾矛，以伐我乎？’”

例句 你们同室操戈的结果必然是两败俱伤。

郑玄，字康成，东汉著名学者。他从小喜欢读书，不喜欢当官吏，他父亲对此非常生气，但是不能制止他。郑玄跟当地的名师学了很多知识，等他认为当地没有再值得他请教的人后，就向西经过函谷关，来到扶风，拜当时的大学问家马融为师。

马融有门徒四百多人，学问精深的有五十多个。马融平常傲慢尊贵，郑玄在他门下三年，竟然没有见过马融一面，马融只是让自己的高材生传授郑玄学业。郑玄日夜苦读，从未感到过疲倦。有一次，马融召集学生讨论图谶纬书，听说郑玄善于计算，便单独召他到楼上相见，郑玄于是趁机请教自己的疑问，问完后便告辞回家。马融叹息着对门人说：“这位姓郑的同学如今离去，我的学术也就传播发扬到东边去了。”

郑玄独自游学，十多年后才回到家乡。当时任城人何休爱好《公羊》学，著有《公羊墨守》《左氏膏肓》《谷梁废疾》，郑玄于是阐发《墨守》、针砭《膏肓》、讲论《废疾》。何休见到郑玄的这些著作后感叹地说：“康成这是跑到我的家里，拿起我的戈矛，来讨伐我啊。”郑玄和何休的讨论，释义通达、考据深奥。在他的带动下，古文经学才从此开始昌明起来。

偷梁换柱 tōu liáng huàn zhù

解释 偷：暗中。梁、柱：古代排列战阵的术语，战阵的前后部位为梁，中央部位为柱，梁、柱部位安排的都是最精锐的士卒。本指暗中抽走盟军最精锐的部队而换上自己最精锐的部队，最终趁机控制、吞并盟军。后用来比喻用欺骗的手法暗中改变事物的内容或事情的性质。

出处 《三十六计·并战计》第二十五计："偷梁换柱：频更其阵，抽其劲旅，待其自败，而后乘之。曳其轮也。"《红楼梦》第九十七回："偏偏凤姐想出一条偷梁换柱之计，自己也不好过潇湘馆来。"

例句 他耍了一个偷梁换柱的花招，把大家都骗了。

《三十六计》中的"并战计"主要讲在军阀混战的状态下，军阀之间时而结盟为友、时而为敌，自己一方要善于利用有利条件，化盟军之力为己力。"偷梁换柱"之计的要诀就是，要频繁变动盟军的战略部署，抽调他最精锐的部队，等待他自己溃败，然后趁机吞并他的部队和地盘。这就像行车的时候拽住车轮不让前进一样。

《红楼梦》第九十七回中讲，林黛玉的丫环紫鹃见黛玉病发，而贾府上下正忙着张罗贾宝玉和薛宝钗的婚礼，没人可以帮忙，于是求助于大观园内孀居的李纨。李纨在赶往黛玉住处的路上，心里非常难受，大家姐妹一场，更兼黛玉容貌、才情无双，不想她年级小小，就要命归黄泉。更让人心酸的是，偏在这个时候，王熙凤想出了让宝钗冒充黛玉和宝玉结婚的计策，来替宝玉冲喜。因为贾母、王熙凤等人不让大家给黛玉透露宝玉结婚的消息，所以自己也不好到黛玉的住处，使自己在黛玉临终前也不能略尽姊妹之间的情谊，真是可怜可叹。

投笔从戎 tóu bǐ cóng róng

解释 投：扔、掷。戎：军队。比喻弃文就武。

出处 《后汉书·班超传》：“家贫，常为官佣书以供养。久劳苦，尝辍业投笔叹曰：‘大丈夫无它志略，犹当效傅介子、张骞立功异域，以取封侯，安能久事笔砚间乎？’”

例句 抗战时期，许多知识分子投笔从戎，走上了驰骋疆场、报效祖国的革命道路。

班超，是东汉著名将领。永平五年（公元 62 年），班超的哥哥班固受朝廷征召，要到京城洛阳，班超就跟着一起到了洛阳。因为家里非常穷，班超只好经常替官府抄写文书，挣钱补贴家用。抄书时间一长，班超觉得很累，而且没有什么意思。他觉得不能抄一辈子书，就扔掉笔叹息说：“大丈夫应当仿效傅介子、张骞立功西域，以获封侯爵，岂能长久地从事抄抄写写的事情呢？”

永平十六年（公元 73 年）到永元十四年（公元 102 年），班超在西域三十一年，周旋于西域各国之间，凭一己之力，没让朝廷大动干戈就赶走了匈奴的势力，恢复了西域各国同汉朝的关系，打通了天山南路。因为功勋卓著，被封为定远侯。

投鼠忌器 tóu shǔ jì qì

解释 投鼠：扔东西打老鼠。忌器：担心器物被打烂。比喻打算除害而有所顾忌。

出处 西汉·贾谊《治安策》："里谚曰：'欲投鼠而忌器。'此善谕也。鼠近于器，尚惮不投，恐伤其器，况于贵臣之近主乎！"

例句 因为他是丞相的上宾，大家投鼠忌器，只得暂且忍耐。

《治安策》是贾谊著名的政论文，他在这篇文章中提到了加强中央集权、重视农业等问题，在当时具有重要的政治意义。贾谊认为，加强中央集权，就必须明确等级关系。他在文章中说：国君地位高贵，就像殿堂，群臣就像台阶，百姓就像大地。台阶如果修得高，地基离地面远，那么殿堂就高，就难以攀登；台阶如果没有级，离地面近，殿堂就低，也就易于登上。古代圣王制定等级，天子的位置高高在上。里巷的谚语说："想扔东西打老鼠，却又担心损坏器物。"因为老鼠离器物近，人们尚且害怕损坏器物而不敢打老鼠，何况地位尊贵的大臣距离天子太近了呢？所以我们用礼义廉耻来治理君子，可以赐死而不加杀戮，不在大夫脸上刺字或割掉鼻子，这是因为他们离天子不远的缘故。我们应该用这些做法表示对皇上的尊敬。如果对地位尊贵的大臣施加刑罚，那么殿堂不是就失去台阶了吗？如果对大夫施加杀戮侮辱，那么这些杀戮侮辱不是也太迫近天子了吗？秦代对大臣滥施刑罚，以至于后来秦二世被阎乐杀于望夷宫，这就是因为投鼠而不忌器造成的。

退避三舍 tuì bì sān shè

解释 舍：古代行军的里程单位，三十里为一舍。后退九十里。指对人让步，不与对方较量高低，或表示回避。

出处 《左传·僖公二十三年》：“晋、楚治兵，遇于中原，其辟君三舍。”

例句 她太泼辣，许多人见了她都要退避三舍。

春秋时期，晋献公宠爱骊姬，骊姬打算另立她的儿子为太子，于是害死太子申生，逼得公子重耳出逃国外。

公元前 637 年，重耳逃到楚国，得到楚成王的款待。一次，楚成王问重耳：“公子您假如返回晋国，用什么来报答我？”重耳回答说：“假如能够借助您的福气，得以返回晋国，那么以后如果晋、楚兴兵交战，我将后退九十里避让您。假如这样还不能获得您的谅解，那么我再与您周旋。”楚国大将子玉请楚王杀掉他，楚王说：“重耳志向宽广而勤俭，温文尔雅且彬彬有礼，跟从他的人都恭敬宽厚，忠勇有力。以后振兴晋国的应该就是他了。老天将要扶助他，谁还能够废弃他呢。违背天意一定会有大的灾难。”于是把他护送到了秦国。重耳得到秦国帮助，五年之后返回晋国当了国君，就是历史上著名的晋文公。

后来晋楚城濮之战，晋军果然实现诺言，后退三舍以避让楚军。楚军将领子玉认为正可趁晋军的避让而进军攻击，没想到晋军早有防备。城濮之战最终以楚军大败而结束。

外强中干 wài qiáng zhōng gān

解释 干：枯竭。形容貌似强大，实质虚弱。

出处 《左传·僖公十五年》：“乱气狡愤，阴血周作，张脉偾兴，外强中干。”

例句 别看那个公司的广告铺天盖地，其实它外强中干，濒临破产。

春秋时期，晋侯夷吾多次背信弃义，秦穆公因此发兵攻打他。秦晋交战后，晋国接连三次战败，撤退到了韩原。晋侯问庆郑：“敌人已经深入我们国土，怎么办？”庆郑回答说：“这是您让他们进来的，又能怎么办？”晋侯对他的回答非常生气。晋侯让卜师占卜车右的人选，本该是庆郑，但是晋侯不用他。为晋侯驾车的马是以前郑国进献的，庆郑说：“过去战争时一定要用本国出产的马。这种马出生在本乡本土，知道主人的心意，听从主人的调教，熟悉主人驾驭的方法，随便怎样鞭策驱赶，没有不称心如意的。现在君王您用别国出产的马来打仗，一旦在战争中马由于恐惧而失去了正常的状态，就会和驾车人的意愿相反。就会脾气烦躁暴戾，血液全身乱奔，血管张大突起，外表强壮而内部虚弱，进不能，退不得，周旋奔驰也不行，那时您一定会后悔。”晋侯仍然不听。

果然，大战开始后，晋侯的马不听指挥，陷入淤泥中，左盘右旋也不能出来。晋侯向庆郑呼救，庆郑说：“不听劝谏，违抗占卜，您本来就是自求失败，现在又逃什么呢？”没有救他就离开了。晋侯最终做了秦军的俘虏。

完璧归赵 wán bì guī zhào

解释 璧：一种玉器，此处指和氏璧。把和氏璧完好无缺地带回赵国。后来比喻将原物完好无损地归还原主。

出处 《史记·廉颇蔺相如列传》："赵惠文王时，得楚和氏璧。秦昭王闻之，使人遗赵王书，愿以十五城请易璧。赵王与大将军廉颇诸大臣谋：欲予秦，秦城恐不可得，徒见欺；欲勿予，即患秦兵之来。计未定，求人可使报秦者，未得。宦者令缪贤曰：'臣舍人蔺相如可使。'……于是王召见，……相如曰：'王必无人，臣愿奉璧往使。城入赵而璧留秦；城不入，臣请完璧归赵。'"

例句 她万万没有想到，这几件半个多世纪前失去的东西，居然能够完璧归赵！

战国时，赵惠文王得到楚国的和氏璧。秦昭王听说后派人送信给赵王，表示愿意用十五座城池换和氏璧。赵王与大将军廉颇等大臣们商议：觉得把璧给秦国吧，秦国的城池恐怕得不到，只是白白地被欺骗；想不给吧，又害怕秦军来攻打。对策还没议定，打算找一个能够派到秦国去交涉的使者，也没找到。这时宦官令缪贤说："我的家臣蔺相如可以出使。"于是赵王召见蔺相如，问他："假如秦王拿去了我的宝璧，却不给我城池，怎么办？"相如说："秦国要求用城池换宝璧，而赵国不答应，赵国就理亏。赵国给了宝璧，秦国却不给城池，秦国就理亏。权衡这两个方面，宁可答应秦国，让他们担负理亏的责任。"赵王说："谁可以出使呢？"相如说："大王如果真的没有人，我愿意捧着宝璧出使秦国。城池给了赵国，宝璧就留在秦国；城池不给赵国，我保证完完整整地把宝璧带回赵国。"相如到秦国献璧后，见秦王并不打算真的履行约定给赵国城池，就设法取回宝璧，派随行人员从小路送回了赵国。

wàn shì jù bèi zhǐ qiàn dōng fēng

万事俱备，只欠东风

解释 俱：全部，都。泛指样样都准备好了，就差最后一个重要条件。

出处 《三国演义》第四十九回：“（孔明）密书十六字曰：‘欲破曹公，宜用火攻；万事俱备，只欠东风。’”

例句 我们现在是万事俱备，只欠东风，只要解决了燃料的问题，车队马上就能出发。

《三国演义》第四十九回中讲：曹操率领大军追击刘备，驻扎到长江中游的赤壁。诸葛亮设计联合东吴孙权，共同抗曹。周瑜计划火攻，安排苦肉计让黄盖诈降，又让庞统用计怂恿曹操将战船连环锁在一起，为火攻创造条件。但是火攻需要风助，当时正值冬天，长江上只刮西北风，若没有东风相助将会前功尽弃。周瑜见火攻之计难以实施，急得吐血病倒。鲁肃求助于诸葛亮，诸葛亮给周瑜诊治说：“都督您是否觉得心中烦闷郁结？”周瑜说：“正是。”诸葛亮说：“必须用凉药来治疗。”周瑜说：“已经服过凉药，全无一点疗效。”诸葛亮说：“一定得先调理心气，心气一顺畅，病自然就好了。”周瑜料想诸葛亮已知自己的心意，就用言语挑逗说：“想调顺心气，应当服用什么药？”诸葛亮密写十六字药方：“欲破曹公，宜用火攻；万事俱备，只欠东风。”写毕，递给周瑜说：“这就是都督的病根。”周瑜见了大惊，暗想：“诸葛亮真是神人！早已知道我的心事！只有把实情告诉他，请他帮助。”诸葛亮于是筑坛做法，请来东风，火攻之计成功实施，火烧曹营八百余里，曹操败回许昌。

亡羊补牢 wáng yáng bǔ láo

解释 亡：丢失。牢：羊圈。走失了羊，赶快修补羊圈，还不算晚。比喻失误后及时补救。

出处 《战国策·楚策四》："见菟（通'兔'）而顾犬，未为晚也；亡羊而补牢，未为迟也。"

例句 这次试验没有成功，我们应该亡羊补牢，认真总结教训。

战国时期，楚国的楚怀王被秦昭王扣留，死在了秦国。怀王的儿子楚襄王即位后，不思发愤图强，反而亲信小人，荒淫放纵，结果遭到秦国的连年进攻，兵败地削。大臣庄辛看到这种情况，非常着急，劝襄王："君王您左边跟着州侯，右边跟着夏侯，车子后边跟着鄢陵君和寿陵君，这样一味放纵自己贪图享乐而不关心国家大事，楚国的都城郢就危险了。"楚襄王说："你是老糊涂了呢，还是认为这是楚国不祥的征兆呢？"庄辛说："这的确是我看到的您这种行为的必然结果啊，哪里敢以为是国家的不祥之兆呢？假如您对那四个人的宠幸一直不衰减，楚国一定会亡国。我请求您允许我呆在赵国来观看这种情况。"庄辛离开楚国到了赵国，在那里呆了五个月，秦国果然攻下了鄢、郢、巫、上蔡、陈这些地方。楚襄王流亡到了城阳，于是他派遣使臣、骑士，到赵国征召庄辛回来。庄辛说："好吧。"庄辛回来后，楚襄王说："我以前不能采纳您的建议，以至于到了现在这种地步，怎么办呢？"庄辛回答道："俗话说：'看见兔子再回头招呼猎犬不算晚，走失了羊再修补羊圈也不算迟。'我听说以前商汤、周武王这些明君只凭借百里之地而最终兴盛，夏桀、商纣这些暴君虽然拥有天下却不能免除覆灭。现在楚国虽然地盘不大，截长补短地算起来也有数千里，岂止百里之地？"庄辛又层层比喻讲解面临的危险和出路，楚襄王听后脸色大变、身体战栗，非常害怕，决定让庄辛收拾残局，最终收复了失地。

网开一面 wǎng kāi yī miàn

解释 比喻宽大处理，给予出路，而非呆板教条、赶尽杀绝。

出处 《吕氏春秋·异用》："汤见祝网者，置四面，其祝曰：'从天坠者，从地出者，从四方来者，皆离吾网。'汤曰：'嘻！尽之矣。非桀其孰为此也？'汤收其三面，置其一面，更教祝曰：'昔蛛蝥作网罟，今之人学纾。欲左者左，欲右者右，欲高者高，欲下者下，吾取其犯命者。'汉南之国闻之曰：'汤之德及禽兽矣。'"

例句 对于那些受人诱骗、误入歧途的犯罪分子，我们不应当一棍子打死，而应当区别对待、网开一面，给他们悔过自新、重新做人的机会。

商朝的开国明君商汤有一次外出，见到有个猎人在设网打猎，他在上下左右四面布设了四张网，然后念念有词地祈祷说："从天上掉下的，从地上冒出的，从四面八方来的，都被我的网网住。"商汤听到后说："哎呀！那就全都捕光了。除了残暴的夏桀，还有谁会做这种事呢？"商汤于是帮他撤掉了三面网，只留下一面，并教导猎人重新祈祷，说："从前蜘蛛会编织严密的蛛网，今天人们却学会了宽舒与仁德。想往左走的往左走，想往右走的往右走，想飞高的飞高，想降低的降低，我只抓捕那些违反天命的。"

汉水之南的诸侯国听说这件事后，说："商汤的仁德真是博大，已经推广到禽兽身上了。"于是有四十多个诸侯国归附了商汤。人们评论说，猎人设置四面罗网，还不一定网得到飞鸟。商汤撤掉了三面，只留下一面，却得到了四十多个诸侯国，他的目的不只是网鸟啊！

网漏吞舟 wǎng lòu tūn zhōu

解释 吞舟：能吞舟的大鱼。比喻法令太过宽疏，以至于罪大恶极者逍遥法外。

出处 《史记·酷吏列传序》："汉兴，破觚而为圜，斲（zhuó）雕而为朴，网漏于吞舟之鱼，而吏治烝烝，不至于奸，黎民艾安。"

例句 在法制日益健全的今天，竟然出现网漏吞舟的现象，实在应引起法制工作者的反思。

司马迁在《史记·酷吏列传序》开头说："孔子说：'用政令来引导人民，用刑法来约束人民，人民虽然会免于犯罪，内心却没有羞耻之心。用道德来引导人民，用礼制来约束人民，人民不但会有羞耻之心并且会逐渐走上正道。'老子说：'德行高尚的人不表现出德，因此而有德，德行低下者总想不失掉德，却因此没有德，法令繁多而严酷，盗贼也就越多。'这些话讲得真对啊！法令是政治的工具，却不是导致政治清明或污浊的根源。从前天下的法网非常严密，可是奸邪狡诈不断发生。这种情况发展到极点时，就会上下互相欺骗，以至于国家衰败。汉代开始，高祖破除秦代的严酷法令，只跟老百姓约法三章，所以刑法简约，就像把方正的棱角变为圆型，把器物上雕刻的花纹削除而回归质朴。汉代的法律宽松得可以漏掉能吞舟的大鱼，可是官吏的成绩宽厚笃睦，不至于有奸诈的行为，黎民百姓安定太平。由此看来，治理国家在于宽厚仁德而不在于酷刑峻法。"

妄自尊大 wàng zì zūn dà

解释 狂妄地自高自大。

出处 《后汉书·马援传》："子阳井底蛙耳，而妄自尊大。"

例句 只要你怀有丝毫的骄傲之心，就会带来无法收拾的后果，此时你决不能妄自尊大。

马援是东汉著名将领，后世称为伏波将军。王莽篡汉后，马援曾在王莽部下任职。王莽垮台后，盘踞西州的隗嚣很敬重马援，就任命他做了自己的绥德将军，和他一起筹划策略，定夺大事。

当时公孙述在四川自立为皇帝，隗嚣派马援前去查探情况。马援原先和公孙述是同乡，相处很好，以为自己到成都后公孙述会像以前一样，和他手拉手攀谈叙旧。不料到了成都，公孙述大列警卫，派人带领马援去进见。见面礼仪结束后，又把马援送回住处。虽然招待丰盛，但马援对手下说："天下胜负未定，公孙述不倾心结纳贤士，反而装模作样，大修边幅，自己把自己搞得像木偶一样，端坐在那里等候别人来拜见。他怎么能长期留住天下的贤人呢？"随后，马援谢绝了公孙述的高官厚禄，回到西州。马援对隗嚣说："公孙述是井底的青蛙，又狂妄自大，咱们还不如一心归附东方的刘秀。"

望梅止渴 wàng méi zhǐ kě

解释 梅：杨梅。比喻以空想安慰自己。

出处 南朝宋·刘义庆《世说新语·假谲》：“魏武行役失汲道，军皆渴，乃令曰：‘前有大梅林，饶子，甘酸可以解渴。’士卒闻之，口皆出水，乘此得及前源。”

例句 没有一定的物质基础，即使你有很高雅的情趣，也只能望梅止渴。

三国时代，曹操带领军队去打仗，途中错过了水源地，全军士兵都非常口渴。曹操害怕士兵因为口渴而影响士气，灵机一动下令说：“前面有一个非常大的梅林，树上结的梅子非常多。梅子又甜又酸，可以用来解渴。”士兵们听到这消息，想起梅子酸甜的滋味，马上流出了口水，暂时缓解了口渴之苦。曹军趁此机会得以到达前面的水源。

围魏救赵 wéi wèi jiù zhào

解释 包围魏国的都城大梁，从而起到解救赵国的目的。后用以比喻避实就虚，以逸待劳的策略。

出处 《史记·孙子吴起列传》："其后魏伐赵，赵急，请救于齐。……田忌欲引兵之赵，孙子曰：'……君不若引兵疾走大梁，据其街路，冲其方虚，彼必释赵而自救。是我一举解赵之围而收弊魏也。'"

例句 围魏救赵是一项非常重要的战斗策略，重点在于避实就虚、以逸待劳，从而获得胜利。

战国时（公元前353年）魏国围攻赵国都城邯郸。赵国情况危急，向齐国求救。齐威王想让孙膑当主帅，孙膑推辞说："我是受过刑罚而有幸活下来的人，不合适。"于是就用田忌为主帅，以孙膑为军师。孙膑坐在有帷盖的车子里替田忌出谋划策。田忌打算领兵直接到赵国解救，孙膑说："凡揭开杂乱地纠缠在一起的东西不能握紧拳头，劝解斗殴的人不能参与打斗。如果避实击虚，形势发展受到阻止，就会自我松懈了。现在魏国攻打赵国，精锐的部队一定在国外竭尽其力，老弱之人在国内疲惫不堪。您不如带领军队急赴魏国的首都大梁，占据那里的交通要道，冲击它防备空虚的地方，这样魏军必定会解除对赵国的进攻而救自己的国都。这样我们一举两得，既解除了赵国的围困，又取得挫败魏军的好处。"田忌听从孙膑的安排，魏军果然撤离邯郸，星夜回军援救自己的国都。齐魏两军在桂陵交战，魏军大败，几乎全军覆没。

文人相轻 wén rén xiāng qīng

解释 轻：轻视。指文人之间相互轻视，彼此不服气。

出处 三国魏·曹丕《典论·论文》："文人相轻，自古而然。"

例句 新一代的知识分子，应当摒弃"文人相轻"的陈腐观念。

曹丕既是一名政治家，又是一名文学家，他的《典论·论文》是我国古代文学理论的名篇。其中开篇即说道：文人之间相互轻视，自古以来就是这样。傅毅（字武仲）和班固一起编写史书，两人文才相当，不分高下，然而班固轻视傅毅。他在写给弟弟班超的信中说："傅武仲因为能写文章当了兰台令史的官职，然而一旦下笔写作就失去控制，不能自已停止。"人们总是善于看到自己的优点，然而文章不是只有一种体裁，很少有人各种体裁都擅长，因此人们总是以自己所擅长的方面来轻视别人所欠缺的方面。俗话说："家中的一把破扫帚，也会当做千金宝。"这是看不清自己缺点的毛病啊！

曹丕在文章中继续说：当今的名流，即如孔融、陈琳、王粲、徐幹、阮瑀、应玚、刘桢，他们七人对于学问无所不懂，对于文辞出口成章，在文坛上各自驰骋、并驾齐驱，但要叫他们互相钦服，也非常困难。因此有识之士能先审视自己然后衡量别人，这样才能免于文人相轻的毛病。

闻鸡起舞 wén jī qǐ wǔ

解释 闻：听。指有志之士及时奋起，力求有所作为。

出处 《晋书·祖逖传》：“（祖逖）与司空刘琨俱为司州主簿，情好绸缪，共被同寝。中夜闻荒鸡鸣，蹴琨觉曰：‘此非恶声也。’因起舞。”

例句 在改革开放的大好形势下，只要闻鸡起舞，不愁没有展示才华的机会。

祖逖年轻时和刘琨是好朋友，他们同时当司州主簿。当时正值西晋末年东晋之初，外敌入侵，晋室衰微。他们两人立志报效国家，一起习文练武，睡在同一个被窝里。每天半夜，祖逖听见鸡叫，就用脚蹬醒刘琨，说：“这不是不好的声音（正是催促我们警醒的声音）。”于是两人就赶紧起床练武。后来，祖逖在率领部队收复中原的过程中屡立战功，得到人民的拥护；而刘琨做了并州刺史，在对抗北方强敌的斗争中作出了很大的贡献。

卧薪尝胆 wò xīn cháng dǎn

解释 薪：柴草。本指越王勾践为了报仇不求好的生活，睡在柴草堆上，舔尝苦胆。后用来形容刻苦自励、发愤图强。

出处 《史记·越王勾践世家》："吴既赦越，越王勾践反国，乃苦身焦思，置胆于坐，坐卧即仰胆，饮食亦尝胆也。"

例句 这支篮球队卧薪尝胆，经过一年多的艰苦训练，终于一举夺得冠军。

春秋时，越国在与吴国的争战中战败，越王勾践带领剩余的五千士兵退守到会稽山，本打算决一死战，后来接受大夫文种的计策，用重金和美女贿赂吴国太宰伯嚭，通过他说服吴王，以越国向吴国称臣为条件讲和。

越王勾践返回越国后打算报仇，就在座位边上放置一枚苦胆，坐卧之时都要看着它，吃饭之时也要先舔尝它，并且提醒自己说："你难道忘了会稽山战败的耻辱了吗？"同时，勾践自己亲自耕作，夫人亲自纺织，粗茶淡饭、艰苦朴素，结交贤士、厚待百姓，致力于发展国力。

三年后，趁吴王北上与晋国争霸的时机，在范蠡的策划下，越王勾践于公元前475年发兵五万，打败了吴国。

无人问津 wú rén wèn jīn

解释 津：渡口。没人探问渡口。泛指事物已被人冷落，没有人再感兴趣。

出处 东晋·陶渊明《桃花源记》："南阳刘子骥，高尚士也，闻之，欣然规往，未果，寻病终。后遂无问津者。"

例句 这几本书一直摆在书架上，无人问津。

东晋太元年间，武陵有个人以捕鱼为职业。一天他顺着溪水前进，遇到一片桃花林，桃花林中没有别的杂树，地上香草鲜艳美丽，坠落的花瓣繁多交叠。渔人觉得这种美景很奇异，就再往前走，想走完那片桃林。后来，渔人在桃林尽头发现了一个山洞，进了山洞，发现里面土地平坦开阔，房屋整整齐齐，有肥沃的田地，美丽的池塘和桑树竹子之类。田间小路交错相通，村落间能听到鸡鸣狗叫的声音。里面的人们来来往往耕田劳作，男的女的穿戴完全像桃源之外的人，老人和小孩都快乐悠闲。

桃源中人看见渔人，非常惊奇，热情款待。渔人住了几天，告辞离去。桃源中人给他说："这里的情况不要对其他人说。"渔人出来后，沿着旧路回去，一路上处处作了标记。回到郡里，向太守报告了这些情况。太守即派人跟着他前去，寻找先前做的标记，最终却迷失了方向，没有找到原来的路。南阳刘子骥是个名士，听到这件事，也高兴地计划前往。没有实现，不久就病死了。从此以后，就再也没有探访桃花源的人了。

无中生有 wú zhōng shēng yǒu

解释 本来为道教语，是说一切“有”都生于“无”。后来变为贬义词，指没有事实地凭空编造。

出处 《老子》第四十章：“天下万物生于有，有生于无。”《水浒传》第三十四回：“花荣陪着笑道：‘总管容复听禀：量花荣如何肯背反朝廷？实被刘高这厮，无中生有，官报私仇，逼迫得花荣有家难奔，有国难投。’”

例句 他决不会做无中生有、陷害同学的事。

在《老子》中，“有”和“无”是两个抽象的哲学概念，他们相辅相成，能相互转化。三国时的王弼在给上面所引的话语作注时即说：“‘有’从‘无’开始，假如‘有’达到它的极点，就又将变为‘无’。”

《水浒传》中，宋江、花荣被清风寨知寨刘高和青州兵马都监黄信捉拿，在押解途中由清风山英雄救获，并顺便俘虏了刘高。黄信逃回清风寨后向总管青州兵马的统制、霹雳火秦明求救。秦明带兵攻打清风山，和花荣对阵时喝骂花荣背叛朝廷，花荣赔笑说：“请您海涵听我解释：您想我花荣怎肯背叛朝廷？其实是被刘高这个坏人无中生有地陷害。他公报私仇，逼得我有家难回，报国无门，暂时栖身于此，请总管详察。”秦明作战失败，宋江等人用计使知府误以为秦明已反叛，杀了秦明的妻小，并上报朝廷通缉。秦明无奈，只得返回清风山入伙，成为水浒一百单八将中的一员。

五十步笑百步 wǔ shí bù xiào bǎi bù

解释 败逃五十步的人讥笑败逃一百步的人。后用来比喻缺点或错误的性质相同，只有情节或轻或重的区别。

出处 《孟子·梁惠王上》：“填然鼓之，兵刃既接，弃甲曳兵而走，或百步而后止，或五十步而后止。以五十步笑百步，则何如？”

例句 你也出了次品，还要讥笑他，不是五十步笑百步吗？

梁惠王是战国时期魏国国君，即魏惠王，因为他即位九年后迁都至大梁（今开封），故又称梁惠王。有一次他对孟子说：“我对于国家真是费尽了心力。迁移饥民、赈济灾荒，从不落空。我曾经考察过邻国的政治，没有一个国家能像我这样替百姓打算的。可是，那些国家的百姓并不因此而减少，我的百姓也并不因此而增多，这是什么原因呢？”

孟子回答说：“大王您喜欢战争，那就让我用战争来打个比方。战鼓咚咚一响，武器刚刚接触，就抛下盔甲拖着兵器向后逃跑。有的一口气跑了一百步停住脚，有的一口气跑了五十步停住脚。那些跑五十步的战士竟然耻笑跑一百步的战士，你觉得他们这么说行不行？”梁惠王说：“不行。只不过他们没有跑到一百步罢了，但这也是逃跑呀。”

孟子说：“如果您懂得这个道理，那就不要再希望您的百姓比邻国多了。百姓如果能丰衣足食，天下就一定能够归服。但是如果丰年不知储存粮食，灾年不知赈济百姓，人饿死了，不怪自己，却归因于年成不好，这何异于拿着刀子杀死了人，却说这不是我杀的，而是兵器杀的。假如您不归罪于年成，而从政治上着手改革，励精图治，那么天下人民就都会来投奔您了。”

五体投地 wǔ tǐ tóu dì

解释 用双肘、双膝及头一起着地行礼。后用来形容佩服到极点。

出处 唐·玄奘《大唐西域记》卷二："致敬之式，其仪九等：一发言慰问；二俯首示敬；三举手高揖；四合掌平拱；五屈膝；六长踞；七手膝踞地；八五轮俱屈；九五体投地。"

例句 不少同学对李教授的授课形式佩服得五体投地。

《大唐西域记》是玄奘（唐代高僧，俗称唐僧）取经十九年间游历印度、西域的见闻实录，系奉唐太宗之命，由玄奘口述，弟子辩机整理而成。该书记载了西域至印度一百二十八个国家的都城疆域、地理历史、语言文化、生产生活、物产风俗、宗教信仰等情况，在历史、地理、考古等多方面都具有重要价值。

玄奘在《大唐西域记》中介绍说，印度致敬的仪式分为九等。一是用言语慰问；二是低头示敬；三是把手高举起来作揖；四是两手相合以示敬；五是屈膝示敬；六是蹲坐时挺直腰杆；七是弯曲两手两膝示敬；八是弯曲两手两膝再加上低头而表示尊敬；第九即"五体投地"，是九种礼仪中最恭敬的礼拜方式。"五体"即"五轮"，指双肘、双膝和额顶。"五体投地"就是两手两膝及额头都至地以示敬，其过程可描述为，正立合十，屈膝屈肘至地，翻掌，顶礼膜拜。

先发制人 xiān fā zhì rén

解释 先下手取得主动权，以制服对手。

出处 《汉书·项籍传》：“方今江西皆反秦，此亦天亡秦时也。先发制人，后发制于人。”

例句 比赛一开始，我们就先发制人，夺得了主动权。

秦二世元年（公元前209年），陈胜、吴广等人在大泽乡起义。这年九月，会稽郡守殷通召唤项梁来商议大事，因为他一向认为项梁非常贤能。项梁说：“现在大江以西的地方都已经起来反秦，这是上天要灭亡秦朝的时候啊。如果先下手，就能取得主动权，从而制服对手，如果后下手就会被别人所制约。”殷通叹息着说：“听说先生祖上是楚国世家，大将之后，我们发动反秦大事就靠您了。”项梁说：“吴地有个奇人桓楚，逃亡在大泽之中，人们不知道他的住处，只有项羽知道。”随后项梁出去，吩咐项羽拿着剑在外面等候。安排好后，项梁进来，对殷通说：“希望您召见项羽，让他接受使命去召唤桓楚。”殷通同意后，项羽走了进来，项梁向他使了个眼色，说：“行动!”于是项羽拔剑砍下了殷通的头。殷通左右的随从非常惊慌，发生骚乱。项羽又一口气杀了百十个人，把满衙门的人都吓得趴在地上不敢站起来。控制住局势后，项梁就召集自己熟悉的官吏，调集兵员，任命大将，展开了反秦的斗争。

先见之明 xiān jiàn zhī míng

解释 预先洞察事物的眼力。

出处 《后汉书·杨彪传》："后子修为曹操所杀，操见彪问曰：'公何瘦之甚？'对曰：'愧无日磾先见之明，犹怀老牛舐犊之爱。'"

例句 这事竟在他意料之中，他真有先见之明。

金日磾（mìdī）是西汉武帝时的名臣。他本是匈奴后裔，后来归降汉朝，所以做事兢兢业业、小心谨慎，深受武帝信任。金日磾原有两个儿子，很招人喜爱，汉武帝也非常喜欢，拿他们当成了自己的开心果。这两个孩子长大后，仍然经常出入皇宫，和武帝嬉戏娱乐。后来，其中的大儿子和宫女在宫殿里有不检点的行为，正好被金日磾撞见了，金日磾非常痛恨，就把他杀掉了。

杨修是东汉末期人，非常好学，富有才能，担任丞相曹操的主簿。曹操打下汉中后，既想进军巴蜀，征讨刘备，又想守住汉中，撤回大军，但是进讨一时不能成功，撤军后汉中也难守住。正好军士来问晚上军队的口令，曹操于是说："就是'鸡肋'。"其他人都搞不明白，为什么会用这个口令。只有杨修说："鸡肋者，食之无肉，弃之可惜。看来曹公已经下了撤军的决心了。"杨修才能出众，又常常能渗透曹操的心思，所以曹操对他非常担心。同时，因为杨修又是仇敌袁术的外甥，曹操担心以后成为祸患，于是后来找机会把他杀掉了。

杨修的父亲杨彪也是汉末名人，曾任要职。后来杨彪见汉朝气数已尽，就假称自己得了脚病，卷曲不能伸展，从而辞官回家。杨修被曹操杀害后。曹操有一次见到杨彪，问他："您怎么变得这么瘦？"杨彪说："我自愧没有金日磾那样的先见之明，我想念儿子，还怀有老牛舐犊一样的深情。"曹操听了这话，不由得改变了自己的面色。

先斩后奏 xiān zhǎn hòu zòu

解释 本指执法官吏先处决罪犯，然后向上奏闻。现多用来比喻先采取行动，然后再上报。

出处 《汉书·申屠嘉传》："嘉谓长史曰：'吾悔不先斩错乃请之，为错所卖。'"

例句 在工作中遇到重大问题时，一定要及时上报，千万不能先斩后奏。

申屠嘉是西汉初年的人，最早以弓弩手的身份跟随刘邦攻打项羽，后来因为军功屡次升迁，到汉文帝时担任了丞相。

申屠嘉担任丞相五年后，汉文帝驾崩，汉景帝即位。第二年晁错担任内史（官名，主要职责是治理京师），得到皇帝的赏识而大受重用。在晁错的提议下，皇帝改变了许多项法令，同时晁错还建议削弱诸侯的势力。这时，申屠嘉讲的话得不到采纳，十分痛恨晁错。

晁错担任内史治理京城，经常出入东门，不大方便，就另外开了一扇门，从南面出入。但是，从南面出入，正好要经过"太上皇庙"内墙之外、外墙之内的空地。申屠嘉知道这件事后，准备奏请杀掉晁错。有人告诉了晁错，晁错非常害怕，就在深夜入宫进见皇帝，主动向皇帝承认了错误。第二天上朝，申屠嘉按计划奏请杀掉晁错。皇上说："晁错凿穿的不是真正的庙墙，而是内墙之外的外墙。过去散官们都可以住在这个地方，何况又是我让他这样做的，所以晁错没有罪过。"退朝后，申屠嘉对丞相府的长史（官名）说："我后悔自己没有先杀掉晁错然后再上奏，现在自己反倒被晁错算计。"申屠嘉气愤不已，回到家后便吐血死了。

笑里藏刀 xiào lǐ cáng dāo

解释 比喻表面和善而内心阴险狠毒。

出处 《旧唐书·李义府传》："义府貌状温恭，与人语必嬉怡微笑，而褊忌阴贼。既处权要，欲人附己，微忤意者，辄加倾陷。故时人言义府笑中有刀，又以其柔而害物，亦谓之'李猫'。"

李义府是瀛州饶阳人，因擅长写文章而被推荐为官。唐高宗即位后，宠爱武则天，打算立为皇后，但是怕宰相等人的谏议，所以迟迟未能有所动作。李义府揣摩到皇帝的心意，上表请求废除现任皇后而改立武后，从而得到了皇帝和武则天的喜爱。

李义府仰仗皇帝和武后的恩宠，胆大妄为。洛阳一个女人淳于氏因罪关在大理寺，李义府听说这个女人很漂亮，于是让大理寺丞毕正义免除她的罪行，将其纳为自己的小妾。大理寺卿段宝玄知道后告到朝廷，皇帝让调查此事，于是李义府逼迫毕正义上吊，杀人灭口。皇帝偏袒李义府，不让再继续追究；侍御史王义方当廷面谏，痛斥李义府的罪行，反倒惹怒了皇帝，被贬为莱州司户。

李义府位高势重，许多无耻之徒阿谀巴结，和他攀附关系。给事中李崇德也说自己和他属于同一家族。有一段时间，李义府被贬为普州刺史（其实是皇帝为了缓和大家对李义府的意见而采取的保护措施），李崇德就赶紧把他从家谱中除名。李义府听到后一直怀恨在心，等到后来自己做了宰相，就令人诬陷捏造李崇德的罪证，李崇德被关进监狱里，最终自杀了。

李义府表面温和恭敬，和人说话的时候总是满脸堆笑，其实他内心阴险凶残，心胸狭小，嫉贤妒能。李义府位高权重时，总是希望别人附和自己。凡是有人略微违背他的心意，他就肆意诬蔑陷害。所以当时人说，李义府笑里有刀；又因为他貌似温和而内心险恶，人们叫他"李猫"。

心不在焉 xīn bù zài yān

解释 心思不在这里。形容思想不集中。

出处 《礼记・大学》："心不在焉，视而不见，听而不闻，食而不知其味。"

例句 哥哥正在专心致志地看书，对于弟弟那些无聊的问题，他只是心不在焉地应付了几句。

《大学》本为《礼记》中的一篇，南宋朱熹将其列入《四书章句集注》，从而成为"四书"之一。

《大学》认为，一个要向天下阐明光明美好之德行的君主，首先要治理好自己的国家。要治理好自己的国家，首先应治理好自己的家庭。要治理好自己的家庭，首先应修养自身。要修养自身，首先应获得一定的知识。要获得知识，就要探究事物的原理。事物的原理探究了，才能彻底深入地了解事物。彻底了解了事物，意念才能诚实。意念诚实了，心思才能端正。心思端正了，才能自我修养。自我修养好了，家庭才能得到治理。家庭治理好了，国家才能治理好。国家治理好了，天下才能太平。所以从天子到普通百姓，都要以修养自身为根本。

修养自身的关键在于端正自己的心思。如何端正自己的心思呢？如果自己有所愤怒，心就不能得到端正；有所恐惧，也不能得到端正；有所喜好，也不能得到端正；有所担忧，也不能得到端正。心思如果不集中在如何提高自己上，就会看了也看不见，听了也听不见，吃东西也会不知道滋味。因此，修身的关键在于端正自己的心。

心腹之患 xīn fù zhī huàn

解释 患：疾患，疾病。本义指体内致命的疾病。后用来比喻严重的隐患。

出处 《左传·哀公十一年》：“越在我，心腹之疾也。”

例句 我们必须认识到环境的污染已成为人类的心腹之患了。

春秋时期（公元前 484 年），吴国打算攻打齐国，越王勾践率领他的部属前来朝见，给吴王和吴国的大臣们都赠送了礼物。吴国君臣都非常高兴，只有伍子胥感到害怕，他说：“这是越国在豢养吴国啊！”于是他劝谏吴王说：“越国对于我们来说，是最严重的隐患。吴越两国土地相连，越国对我们心存贪欲。他们现在的这种柔顺服从，其实是为了实现自己的欲望。不如早一点对他们动手。我们即使如愿以偿攻下齐国，也不过像获得了一块石质的田地，没有办法耕种。如果不把越国灭掉，让它变成我们的池塘，吴国就会灭亡。让医生除掉疾患，却说要留下一点，不要铲除干净，这样的事情从来也没有。《尚书·盘庚》上说：‘如果有人毁坏礼法，不从上命，就铲除干净，不留后代，不让他们在这里留下叛逆的种子。’这就是商朝所以兴盛的原因。现在君王您的做法和这相反，打算用这种办法来求得称霸的大业，不是也太困难了吗？”吴王没有听从伍子胥的劝告，后来吴国果然被越王勾践灭掉。

心怀叵测 xīn huái pǒ cè

解释 心怀：居心，心意。叵：不可。形容居心不可猜测，居心不良。

出处 《三国演义》第五十七回："马腾兄子马岱谏曰：'曹操心怀叵测，叔父若往，恐遭其害。'"

例句 在和谈中，对方心怀叵测，我们不可不防。

《三国演义》中，东吴大将周瑜死后，刘备拜庞统为副军师，与诸葛亮一起谋划攻伐曹操、兴复汉室之事。曹操得知消息后，即与手下商议如何南征孙、刘。同时，曹操害怕盘踞西凉的马腾趁自己远征时来偷袭老巢。谋士荀攸出主意说，不如趁机封马腾为征南将军，以命他攻打孙权的名义召他入京，然后除掉他。曹操大喜，采纳了这个建议，派人到西凉向马腾宣布了任命和命令。

马腾接到命令后，和长子马超、侄儿马岱等商量。马超主张赴京，以免落下不听朝廷命令的口实。马岱则说："曹操这人心思不可猜测，而且居心不良，叔父您假如前往，恐怕会遭到他的毒手。"马腾最终决定留下马超镇守西凉，自己带领马岱及其他儿子前往。马腾等人到达京城后，原本打算先下手除掉曹操。因为行事不密，消息泄露，反中曹操的埋伏，马腾及儿子被杀，马岱逃回了西凉。

心有灵犀 xīn yǒu líng xī

解释 灵犀：传说犀牛是一种灵兽，在犀牛角上有细线一样的白色花纹贯通两端，能够感应灵异。原用来比喻恋爱双方心心相印。现常用来比喻彼此双方融洽一致，心领神会。

出处 唐·李商隐《无题》：“身无彩凤双飞翼，心有灵犀一点通。”

李商隐，字义山，晚唐著名诗人，和杜牧合称“小李杜”，与温庭筠合称“温李”。李商隐早年生活贫困，因文才出众受到令狐楚的赏识；后来王茂元也因爱其才而将女儿嫁给他。令狐楚、王茂元分属不同的政治派别。他因此遭到两派的排斥，后半生一直在政治斗争的夹缝中求生存，郁郁不得志。他的诗作情致深蕴，流丽婉转，尤其是一些爱情诗写得缠绵悱恻，动人心弦。但由于他在诗歌中大量用典，以致相当多的诗篇过于隐晦迷离，难于索解。他有一首《无题》诗这样写道：

昨夜星辰昨夜风，画楼西畔桂堂东。
身无彩凤双飞翼，心有灵犀一点通。
隔座送钩春酒暖，分曹射覆蜡灯红。
嗟余听鼓应官去，走马兰台类转蓬。

在这首诗中，李商隐追忆了他年轻时的一段恋情。诗人写道，在那星辰闪烁、爽风宜人的夜晚，我俩相遇在画楼的西边、桂堂的东边，相遇在一场热闹的宴会之中。人们隔着座位劝着酒，分组玩着送钩、射覆的猜谜游戏。但热闹是他们的，我俩双眼流波，沉浸在感情的交流中。我们虽然没有凤凰的双翼，不能比翼齐飞，但是我们有犀牛的灵角，能够心心相通。在这无声的心灵交流中，美好的夜晚稍纵即逝，又该策马到兰台开始新一天的工作了。于是只能在泪光中分别，惆怅不已，叹息自己身不由己，如同飘转的蓬草。

心悦诚服 xīn yuè chéng fú

解释 真心诚意地服从或佩服。

出处 《孟子·公孙丑上》："以力服人者，非心服也，力不赡也；以德服人者，中心悦而诚服也，如七十子之服孔子也。"

例句 我们都心悦诚服地推选周昕担任班长。

孟子认为，依仗实力同时又假借仁义之名而号召征伐，可以称霸诸侯，称霸一定要凭借强大的国力。依靠道德来实行仁义，可以使天下归服，这样做不必以国家的强大为基础。殷商的创立者商汤就仅仅用他方圆七十里的土地实行仁政，而使人心归服；周王朝的创始人周文王也仅仅用他方圆百里的土地推行仁政，收服人心。依仗武力迫使人服从，人家不一定真心服从，因为再强大的武力也有不够的时候；依靠道德来使人服从，人家才会内心喜悦、真心归服，就像孔子七十多位弟子真心归服孔子一样。《诗经·大雅·文王有声》在歌颂周文王的丰功伟绩时赞叹道："从东到西，从南到北，哪里的百姓不想着来归服？"说的就是以仁德征服天下。

兴师动众 xīng shī dòng zhòng

解释 兴：发动。师：军队。本指为进行战争而动员百姓。现常用以形容为做某件事而动员很多的人。

出处 《吴子·励士》："夫发号布令而人乐闻，兴师动众而人乐战，交兵接刃而人乐死，此三者人主之所恃也。"

例句 有道理大家规规矩矩地拿出来讲，为啥要兴师动众，闹得这样文王不安，武王不宁的？

吴子即吴起，是战国初期杰出的军事家和政治家。吴起喜好用兵，一心想成就大名。曾经在鲁国跟随曾参的儿子曾申学习，后来到魏国又曾拜子夏为师。吴起在鲁国时，齐国来攻打鲁国。鲁国国君想用吴起为将，但吴起的妻子是齐国人，又对他不放心。吴起就杀了妻子以表示自己的决心，鲁君于是任命他为将军。吴起治军有方，作战时又有谋略，他先假装和谈，然后出其不意地向齐军发起猛攻。齐军仓促应战，一触即溃，鲁军大获全胜。

虽然身受儒家教化，却有这样不光彩的出身，所以吴起在鲁国虽然打了胜仗，却不能得到重用，只好离开，先后在魏国、楚国担任职务。在这期间，吴起积累了丰富的军事斗争的经验，他将这些经验写成文字，就形成了《吴子》一书。《吴子》原本四十八篇，现在只存有六篇了。

《吴子·励士》篇中记载，魏国国君魏武侯问："做到严明赏罚，就足以取胜了吗？"吴起回答说："严明赏罚这件事，我不能说得很详尽，虽然这是克敌制胜的重要法宝，但真正打起仗来又不能完全凭借此道。发布号令而人们乐于听命，为了战争动员百姓而人们乐于参战，临阵交锋而人们乐于牺牲，这三条才是君主赖以取胜的决定因素。"

兴高采烈 xìng gāo cǎi liè

解释 本指文章旨趣高超，言辞犀利。现多用来形容兴致很高，情绪旺盛。

出处 南朝梁·刘勰《文心雕龙·体性》：“叔夜俊侠，故兴高而采烈。”

例句 小朋友们在游乐园里玩得兴高采烈。

嵇康，字叔夜，三国时魏末诗人、音乐家，“竹林七贤”的领袖人物，在音乐演奏、乐曲理论以及文学方面都有非同寻常的才华。他的《广陵散》是流传至今的古琴名曲；他的诗歌和散文，文思新颖，格调高古，为人所传颂。嵇康为人正直，不愿同流合污，因此致罪，最终被司马昭杀害，死时才刚刚四十岁。

刘勰的《文心雕龙》是我国第一部“体大思精”的文艺理论著作，第一次全面系统地论述了有关文学和写作的重要问题。其中的《体性》篇，主要讲述风格和个性的关系。刘勰认为，总结各种作品的归宿，可以概括在八种风格里，即典雅、深隐、精简、明显、繁丰、壮丽、新奇、浮靡。至于八种风格的变化，要靠学力和才能。而各人的学力才能，是由各自的气质造成的。贾谊才气英俊，所以文辞洁净而风格清新；司马相如狂放，所以文理虚夸而言辞张扬；扬雄性情沉静，所以他的辞赋含义隐晦而意味深沉；阮籍行为豁达，所以他的辞章音节高昂而声调卓越；嵇康豪侠，所以他的作品旨趣高超而言辞犀利。刘勰举出这些作家和作品的例子，意在说明作品的文辞和作者的性情气质紧密相连。

胸有成竹 xiōng yǒu chéng zhú

解释 画竹前内心已有完整的竹子形象。后用来比喻做事之前早已有了成熟的办法或主张。

出处 宋·苏轼《文与可画筼筜谷偃竹记》："故画竹，必先得成竹于胸中，执笔熟视，乃见其所欲画者，急起从之，振笔直遂，以追其所见，如兔起鹘落，少纵则逝矣。"

例句 有胆，敢于冒险，并不意味着可以随心所欲、胡闯蛮干，还必须巧于运筹，善于预测，做到胸有成竹、有先见之明，亦即胆识并优、智勇双全。

北宋仁宗时代，四川梓潼县有位著名画家文与可，是苏轼的好朋友，擅长画花鸟虫鱼，尤其爱画竹，人称墨竹大师。筼筜，(yúndāng)是一种皮薄、节长而竿高的竹子。筼筜谷（山谷名，在今陕西洋县）因谷中多产竹，故称。

宋神宗元丰二年正月二十日，文与可在陈州去世。七月七日，苏轼在湖州晒书画，看到文与可赠送给自己的这幅《筼筜谷偃竹》图，回忆起往日的友情，马上放下画卷失声痛哭，然后写了《文与可画筼筜谷偃竹记》一文。

文章说，竹子刚长出时，只是一寸高的嫩芽，但节、叶都已具备了。如今画竹的人都是一节节地画它，一叶叶地堆积它，这样哪里还会有完整的、活生生的竹子呢？所以画竹必定要心里先有完整的竹子形象，拿起笔来仔细看去，似乎已经看到了想画的竹子，然后赶快跟着感觉动手作画，以追赶意念中所看见的竹子。其速度之快，要如同兔子跃起奔跑、鹰隼俯冲下搏，因为意念所见的东西略一放松就消失了。

寻章摘句 xún zhāng zhāi jù

解释 搜求、摘取片断的词句。指读书或写作只注意词句，不把握全文的主旨。也指写作时套用前人的章法、词句。

出处 南朝宋·裴松之注《三国志·吴志·吴主传》引《吴书》："（孙权）志存经略，虽有余闲，博览书传历史，藉采奇异，不效书生寻章摘句而已。"

例句 写诗作文，要有真情实感，只寻章摘句是没有用的。

公元221年，刘备在成都称帝，随后率领蜀军攻打东吴，其势凶猛，不可阻挡。吴主孙权派陆逊为都督，率领大将朱然、潘璋等来抵御，同时派遣都尉赵咨到曹魏探听情况，寻求支持。赵咨博闻多识，应对辩捷，到了曹魏，曹丕也喜欢他，就跟他开玩笑："吴王大概也懂一点学问吧？"赵咨回答说："吴王巡游在江上的战船有上万艘，穿着盔甲的武士有一百万，他一心向学，志在学习匡救天下的方法，所以一旦有空闲的时间，就博览群书，学习其中独特的方法，不像那些读死书的书生，只搜求摘取片断词句、只注意文字的推求，而忽略大的内容和思想。"赵咨这次出使，不亢不卑，有理有节，得到了曹魏各层人士的尊敬。

在赵咨的斡旋下，曹魏暂时对孙吴表示出友好的姿态。孙吴解除了北方边境的担忧，全力以赴对付西来的刘备大军。由于刘备求战心切、不谙兵法，被陆逊找到机会，火烧连营，蜀军最终大败而还。

羊质虎皮 yáng zhì hǔ pí

解释 实质是羊，而外表披着虎皮。比喻外强内弱，虚有其表。

出处 西汉·扬雄《法言·吾子》：“羊质虎皮，见草而悦，见豺而战，忘其皮之虎也。”

例句 这群侵略者羊质虎皮、外强中干，在勇士们的猛攻下狼狈逃窜。

扬雄是西汉蜀郡成都人，很有才学。他觉得群经之首为《周易》，就模仿它写了一部《太玄》，认为传记之首是《论语》，就模仿它写了一部《法言》。《法言》共十三篇，尊圣人，谈王道，旨在捍卫和发扬儒家学说。同时，对当时流行的天人感应、鬼神图谶予以批判，在思想史上占有一定地位。

在《法言·吾子》中记载了这样一段对话，有人问：“有一个人，自称姓孔，字仲尼。进入孔子的门庭，登上孔子的厅堂，伏在孔子的书桌上，穿着孔子的衣服，这人可以说是孔子吗？”答道：“他的外表是孔子，他的实质并不是。”“请问什么是实质？”答道：“实质是羊，而外表披着虎皮，见到青草就非常高兴，见到豺狗就浑身打战，都忘了自己身上还披着虎皮，能吓着豺狗呢。”

扬汤止沸 yáng tāng zhǐ fèi

解释 从锅里舀起开水再倒回去，以制止水的沸滚。比喻治标而不治本。

出处 西汉·枚乘《上书谏吴王》：“欲汤之沧，一人炊之，百人扬之，无益也。不如绝薪止火而已。”《后汉书·董卓传》：“卓得召，即时就道，并上书曰：‘中常侍张让等窃幸承宠，浊乱海内。臣闻扬汤止沸，莫若去薪；溃痈虽痛，胜于内食。’”

枚乘是西汉著名的文学家，江苏淮阴人，曾经作过吴王刘濞掌管诏策文书的郎中官。枚乘在刘濞发动七国叛乱前，曾上书谏阻他起兵，叛乱中，又劝谏他罢兵，吴王均不听从。后来，吴王的叛乱被平定，而枚乘也由此出名。在谏阻吴王刘濞叛乱的奏疏中，枚乘说：“想让热水变凉，假如一个人在烧火加热，即使有一百个人从锅里舀起开水再倒回去，以制止水的沸滚而让它变凉，也没有用，还不如停柴止火有效果。不懂得从根本上解决问题，而只在细枝末节处考虑，就根本没有用处。”

东汉末年，在宦官和外戚的相互争斗中，民不聊生，天下大乱。外戚大将军何进、权臣世家袁绍计划诛杀宦官，何太后不同意。何进、袁绍就秘密召唤董卓带兵进京，以胁迫太后。董卓得到召令后，马上带兵向京城进发，同时给朝廷上书说：“宦官张让等人利用不正当的手段取得皇帝的宠信，祸害百姓，扰乱天下。我听说从锅里舀起开水再倒回去，以制止水的沸腾，还不如去掉锅底的柴火。弄破疮疤让脓流出，虽然疼痛，却胜过让疮口继续化脓、祸害身体。过去赵鞅曾经兴兵驱逐皇帝身边的恶人，今天我也要光明正大地赶到洛阳，声讨宦官的罪行，逮捕张让等人，从而清除那些内心奸恶、品行污秽的人。”董卓口是心非，利用这次机会把持了朝政，让天下百姓更加陷入了水深火热之中。

扬扬自得 yáng yáng zì dé

解释 扬扬：得意的样子。形容十分得意的样子。

出处 《史记·管晏列传》：“晏子为齐相，出，其御之妻从门间而窥其夫。其夫为相御，拥大盖，策驷马，意气扬扬，甚自得也。”

例句 郭标吹着口哨，扬扬自得地从他们面前走过。

晏子是春秋时代齐国的著名政治家。他在担任齐国宰相时，有一次乘车外出，为他驾车的车夫头上撑着巨大的伞盖，赶着四匹马，洋洋得意。车夫的这种样子被车夫的妻子从门缝里看得一清二楚。过了一会儿，车夫回家后，他的妻子就请求车夫同意自己辞别离开。车夫非常奇怪，问她原因，她说：“晏子身高不满六尺，却做了齐国的宰相，扬名于诸侯。今天我看到他出门时的情景，一副志向深远，谦恭和顺的样子。您身高八尺，却给人做仆人、当车夫，而且还显得非常自得和满足，我因此希望离开。”

车夫觉得妻子批评得很对，从此以后改变了自己仗势自傲、扬扬自得的态度，变得非常谦虚。晏子看到他的变化觉得奇怪，就问他原因。车夫据实回答，说明了情况。晏子非常欣赏车夫这种从善如流的品质，就推荐他做了齐国的大夫。

叶公好龙 yè gōng hào lóng

解释 好：喜爱。比喻表面上爱好某事物，实际上并不真的爱好它。

出处 汉·刘向《新序·杂事五》：“叶公子高好龙，钩以写龙，凿以写龙，屋室雕文以写龙。于是天龙闻而下之，窥头于牖，施尾于堂。叶公见之，弃而还走，失其魂魄，五色无主。是叶公非好龙也，好夫似龙而非龙者也。”

例句 他是一个叶公好龙的人，你一旦真要他这样干的时候，他又不干了。

孔子的弟子子张拜见鲁哀公，等了七天鲁哀公都没有以礼相见，于是子张离开鲁国，离开时托仆人带话给鲁哀公说：“我听说君王您敬爱读书人，所以不远千里，顶着白霜和露水，冒着灰尘和污垢，走了一百里路才住宿一次，脚上磨出了层层老茧，走到以后自己不敢休息，马上拜见您，但过了七天您都没有接见。看来，您所标榜的喜爱读书人，就像公子叶高喜欢龙一样，是表面现象。公子叶高喜欢龙，他家里的器物上以及房屋卧室到处都画着龙。真龙听说后于是从天上下来，头从窗户中伸进来看，尾巴拖曳到了堂屋。叶公一见，吓得失魂落魄、六神无主，转身就跑。这位叶公并非真的喜欢龙，而是喜欢那像龙其实又不是龙的东西。现在我听说您喜欢士人，于是不远千里来见您，但是您七天都不接见，可见您并非真的喜欢读书人，您喜欢的是那像读书人其实并不是读书人的人。《诗经》里说：‘心里埋藏着它，哪一天能忘掉它？’我冒昧托人转告上面这些话，然后离开鲁国。”

一败涂地 yī bài tú dì

解释 一旦失败，将会肝脑涂地。形容彻底失败，不可收拾。

出处 《史记·高祖本纪》：“天下方扰，诸侯并起，今置将不善，一败涂地。”

例句 搞阴谋诡计的人，靠整人发家的人，可能得意于一时，但最终都将一败涂地。

汉高祖刘邦在秦朝末年是个小小的亭长，掌管方圆十里的治安。一次，他替县里押送一批民夫到骊山服役，不少民夫在半路上逃跑了。刘邦估计，等到达骊山，民夫可能全都会跑光，那时自己也脱不了干系。于是有一天在停下来休息的时候，趁夜把押送的民夫全都给放了。十几个年轻力壮的小伙不愿走，就跟着刘邦一块儿逃难。由于刘邦斩杀了白蛇，头顶又常常出现天子的云气，所以几年中，前来归附的人不断增多。

秦二世元年（公元前 209 年），陈胜起义后，刘邦也回到沛县，发动那里的人们杀掉原来的县令，响应陈胜。沛县父老想请刘邦担任县令，刘邦说：“当今天下大乱，诸侯群起，如果首领选得不当，就会一败涂地。我并不是过于爱惜自己的性命，只是担心自己能力不够，不能保全父老兄弟。选举首领是件大事，希望你们重新选择能够胜任的人。”但是萧何等人都担心万一大事不成，以后会被秦朝官府诛灭家族，因此都尽力辞让，仍然推举刘邦。父老们也都认为没有比刘邦更合适的人选。刘邦辞让不过，就担任了首领，从此有了一个新的名号“沛公”。

一鼓作气 yī gǔ zuò qì

解释 鼓：敲鼓。作：振奋。古代作战击鼓进军，第一次敲鼓时士气最盛。后多用来指趁锐气旺盛之时一举成事或鼓足干劲，一往直前。

出处 《左传·庄公十年》：“夫战，勇气也。一鼓作气，再而衰，三而竭。”

例句 爬山时一定要一鼓作气，中途稍有停顿就会被别人超过。

春秋时代，在鲁庄公十年的春天，齐国攻打鲁国，鲁庄公打算应战。曹刿帮助鲁庄公分析了作战的条件后，认为可以交战，于是齐鲁之间爆发了长勺之战。战斗一开始，鲁庄公就打算擂鼓进军，曹刿说：“等一下，现在还不行。”等到齐军已经擂鼓三通了，曹刿才说：“现在是擂鼓进军的时候了。”鲁军士气旺盛，一举击败了齐军。鲁庄公打算乘胜追击，曹刿又说：“等一下，现在还不行。”他下车仔细察看了齐军败退时留下的车轮的痕迹，又爬上车前的横木登高远望，察看齐军败退的情形，然后说：“可以追击了。”于是鲁军乘胜追击，大败齐军。

战争结束后，鲁庄公向曹刿询问当时那样做的原因。曹刿说：“交战靠的是勇气，第一次击鼓最能振奋士气，士气最盛；第二次士气就会衰减；第三次后就会竭尽。齐军他们已经擂鼓三通，士气已经衰竭，而我们正是第一次击鼓，士气最盛时，所以能一举打败他们。齐国是个实力雄厚的大国家，不好预测，我害怕他们有埋伏。我看他们退却时车迹混乱、旗帜不振，说明是真的仓皇败退，所以才放心追击。”

一箭双雕 yī jiàn shuāng diāo

解释 雕：是一种性情凶猛的大鸟。一箭射中两雕。形容射箭的技艺高明。也用来比喻一举两得。

出处 《北史·长孙晟传》：“尝有二雕飞而争肉，因以箭两只与晟，请射取之。晟驰往，遇雕相攫，遂一发双贯焉。”

例句 他考虑了半天，终于想出了个一箭双雕的好主意。

长孙晟，字季晟，河南洛阳人。他很聪敏，又有军事学识和本领，特别善于射箭。

北周的皇帝为了安定北方的少数民族突厥人，决定把一位公主嫁给突厥国王摄图。为了安全起见，派长孙晟率领一批将士护送公主前往突厥。

摄图对长孙晟非常敬重，留他在突厥住了一年，并经常让他陪着自己一块儿去打猎。有一次，他俩正在打猎，看见天空中有两只大雕在争夺一块肉。摄图于是拿了两支箭给长孙晟，让他把雕射下来。长孙晟驰马上前，正好遇见两只雕抓扯在一起，于是他拉开弓，只一箭就把两只雕都射穿了。

一举两得 yī jǔ liǎng dé

解释 做一件事而同时得到两方面的好处。

出处 《战国策·秦策二》："子待伤虎而刺之，则是一举而兼两虎也。"

例句 植树种草既能美化环境，又能减少空气污染，一举两得，不应忽视，小城镇也不能例外。

战国时，楚国和齐国断绝了关系，齐国兴兵攻打楚国。楚王派陈轸到西边的邻国秦国求助，秦王对陈轸说："你是秦国人，按理说咱们是老关系，可能是我没有才能，不能治理好国家，所以你抛弃我而去侍奉楚王。现在齐、楚两国交战，有人说帮忙好，有人又说不好，你难道不能把忠心献给楚王的同时帮我出出主意吗？"

陈轸说："大王您难道没听过管与（人名）讲的故事吗？有两只老虎为了争吃一个人而相斗，管庄子打算杀死它们。管与制止他说：'老虎是暴戾的动物，人是香甜的诱饵。现在两只老虎为了吃人而争斗，小的一定会死掉，大的一定会受伤。您等到大虎受伤后再去刺杀它，就会一下获得两只老虎。对您来说，没有花费刺杀一只虎的力气，却得到了杀死两只虎的名声。'现在齐、楚交战，必定有一方失败。等到一方失败，大王您再起兵救助他，那么您就会既获得救助一方的好处，又不会落下攻打另一方的坏名声。"

一鸣惊人 yī míng jīng rén

解释 鸣：鸣叫。比喻平时默默无闻，突然有惊人的表现。

出处 《韩非子·喻老》：“虽无飞，飞必冲天；虽无鸣，鸣必惊人。”《史记·滑稽列传》：“此鸟不飞则已，一飞冲天；不鸣则已，一鸣惊人。”

例句 班上一位同学平常成绩并不突出，但在这次考试中一鸣惊人，考出了令人羡慕的好成绩。

楚庄王执政三年，没有发过号令，没有政治成绩。一天，负责军政的右司马在旁边侍奉，用隐语对楚庄王说：“有只鸟停歇在南方的山丘上，三年也不展翅、不飞翔、不鸣叫，默默无声，这鸟叫什么名字?”楚庄王说：“三年不展翅，是为了利用这段时间生长自己的羽翼。不飞翔、不鸣叫，是为了利用这段时间观察老百姓办事的方法。虽然没有飞，但是一飞起来必定冲上青天；虽然没有鸣叫，但是一旦鸣叫起来必定令人震惊。您放宽心吧，我知道该怎么办了。”

过了半年，庄王亲自处理政务，废除了十项陈旧过时的法令，又重新制定了九项新的法令，诛杀了五位不合格的大臣，举用了六名才能出众、品德高尚的隐士，楚国从而变得政治修明，局势安定。随后，楚王兴兵讨伐齐国，在徐州打败了它，然后又在河雍战胜了晋国，又在宋国会盟诸侯，从而称霸天下。

一诺千金 yī nuò qiān jīn

解释 诺：应允；同意。形容说话非常讲信用。

出处 《史记·季布栾布列传》：“楚人谚曰：‘得黄金百斤，不如得季布一诺。’”

例句 为人要讲诚信，一诺千金，不能出尔反尔。

秦朝末年，在楚地有一个叫季布的人，性情耿直，为人侠义好助。只要是他答应过的事情，无论有多大困难，都设法办到，受到大家的赞扬。楚汉相争时，季布是项羽的部下，曾几次献策，使刘邦的军队吃了败仗。刘邦当了皇帝后，想起这事，就气恨不已，下令通缉季布。敬慕季布为人的人，都在暗中帮助他。不久，季布经过化装，到山东一家姓朱的人家当佣工。朱家明知他是季布，仍收留了他。后来，朱家又到洛阳去找刘邦的老朋友汝阴侯夏侯婴说情。刘邦在夏侯婴的劝说下撤销了对季布的通缉令，还封季布做了郎中，不久又改做河东太守。有一个季布的同乡人曹邱生，专爱结交有权势的官员，借以炫耀和抬高自己，季布一向看不起他。听说季布又做了大官，他就马上去见季布。季布听说曹邱生要来，就虎着脸，准备发落几句话，让他下不了台。谁知曹邱生一进厅堂，不管季布的脸色多么阴沉，话语多么难听，立即对着季布又是打躬，又是作揖，要与季布拉家常叙旧，并吹捧说：“我听到楚地到处流传着‘得黄金千两，不如得季布一诺’这样的话，我们既是同乡，我又到处宣扬你的好名声，你为什么不愿见我呢？”季布听了曹邱生的这番话，顿时高兴起来，留他住了几个月，作为贵客招待。临走，还送给他很多礼物。后来，曹邱生又继续替季布到处宣扬，季布的名声也就越来越大了。

一曝十寒 yī pù shí hán

解释 曝：晒。本指晒一天，冻十天。比喻做事没有恒心。

出处 《孟子·告子上》：“虽有天下易生之物也，一日暴之，十日寒之，未有能生者也。”

例句 学习贵在持之以恒，最忌一曝十寒。

孟子是战国时期邹国人，我国古代伟大的思想家，儒家思想的代表人物。有一次，他去游说齐宣王，但齐宣王没有听从他的意见。有人认为是孟子没有引导好，也有人认为是齐宣王不够聪明。

孟子说：“不要在宣王聪不聪明的问题上纠缠不休。即使天下有最容易生长的植物，先晒它一天，又冻它十天，也是不可能生长的。我和大王相见的次数也太少了，我虽然像太阳，但一晒之后就退走，而那些冻他的小人马上就来到他的面前，大王身上即使有善的萌芽，可又有什么帮助呢？就像下棋，虽然只是一种雕虫小技的技术活动，但是如果不专心致志，就肯定学不好。弈秋是全国下棋水平最高的人，如果同时让他教两个人下棋，一个人专心致志，一门心思听他的话；另一个人虽然听着，但是心里却盘算着有只天鹅要飞来，想拿弓箭去射它。这样，虽然两人一起学棋，但胡思乱想者的成绩一定不如专心致志的人，难道是两人的智力有高下之别吗？肯定不是，而是专心程度不同。”

一意孤行 yī yì gū xíng

解释 本用来夸奖官员廉明公正，谢绝请托，秉公执法。后来变为贬义词。形容不听劝告，独断专行，固执地照自己的意思行事。

出处 《史记·酷吏列传》：“公卿相造请禹，禹终不报谢，务在绝知友宾客之请，孤立行一意而已。”

例句 李小毛不顾家人的反对，一意孤行，放弃了自己的学业。

赵禹是西汉武帝时代的人，早年以佐史的身份出任京都官府的官吏，因为精明能干担任了令史（掌管文书事务的官员）一职，侍奉太尉周亚夫。周亚夫担任丞相后，赵禹又担任了丞相史。丞相府中的人都称赞他廉明公正，但是周亚夫不大信任他，认为他虽然有才能，但执法过于深重苛刻。不过汉武帝正好看上了他这一点，就让他和张汤一起制定各种严格的法令，来管制约束在职的官员。

赵禹为人廉洁而高傲，自当官以来，家里就没有养过门客。如果朝廷的高级官员登门拜访，他也从不答谢，目的在于断绝与知心朋友以及各种宾客的来往，以便独立实行自己的主张。他看到有好的案件判决条文就采用，也不管案子本身是否公正，以严查下属官员隐秘的罪行。

赵禹早年做事严格，残酷急躁。到了晚年，国家多事，一般官员致力于施行严刑峻法，但赵禹却在执法时变得宽松缓和，所以最终得到了“轻柔平和”的好名声。

一字千金 yī zì qiān jīn

解释 本来指吕不韦编成《吕氏春秋》后，悬赏说谁能改动书中的一个字就赏赐给他千金。后用以形容诗文的价值极高，表示对文辞的赞美。

出处 《史记·吕不韦列传》："吕不韦乃使其客人人著所闻，集论以为八览、六论、十二纪，二十余万言，以为备天地万物古今之事，号曰《吕氏春秋》。布咸阳市门，悬千金其上，延诸侯游士宾客，有能增损一字者，予千金。"

例句 他的作品原本无人理睬，哪知成名之后，一字千金，洛阳纸贵。

战国晚期有四大名公子，他们是楚国的春申君、赵国的平原君、齐国的孟尝君、魏国的信陵君。据《史记·吕不韦列传》记载，这些公子们都喜欢礼贤下士，结交宾客，借助宾客来达到自己的政治目的。吕不韦认为秦国这么强大，自己做的却还不如其他国家的这些公子们，觉得非常羞愧。于是他也招揽了三千宾客，予以厚待。这时，诸侯国中有许多能言善辩者，比如荀子这类人，他们著书立说、传布天下。吕不韦也让门下的宾客们各自记录自己的所见所闻，汇集编排成一本书，包括八览、六论、十二纪，总共二十多万字，里面包括了天地万物和古今之事，取名《吕氏春秋》。吕不韦把书公布在咸阳的城门上，并在上面悬挂千金。然后邀请各诸侯国的云游之士和宾客，对他们说，若有能够增减书上一个字的人，就把这千金奖给他。据说西汉刘安著《淮南子》后，也曾悬赏千金，征求意见。

以邻为壑 yǐ lín wéi hè

解释 壑：山沟；水坑。原指将邻国当作排泄洪水的大水坑。后比喻把困难或灾祸推给别人。

出处 《孟子·告子下》："是故禹以四海为壑，今吾子以邻国为壑。"

例句 我们不能以邻为壑，将垃圾倾倒在河里，给下游造成污染。

战国时，有个叫白圭的人，善于商业生产和筑堤治水。有一天，他对孟子说："我治理水患的本领比夏禹强。"孟子说："你的说法不对。夏禹治水，顺乎水的本性，采用疏导的办法，让水注入大海，是以大海为水坑。现在你用筑堤堵塞的办法治水，让水流向邻国，是把邻国当作水坑。水如果逆流就叫做洚水，洚水就是洪水。洪水危害天下，给百姓造成损失和痛苦，是有仁爱之心的人最厌恶的，所以我认为你说得不对。"

以卵击石 yǐ luǎn jī shí

解释 用蛋去打石头。比喻自不量力，必然失败。

出处 《墨子·贵义》："以其言非吾言者，是犹以卵投石也，尽天下之卵，其石犹是也，不可毁也。"

例句 以大刀长矛去对抗现代化的枪炮，简直是以卵击石，与自杀无异。

墨子向北到齐国去，遇到一个算卦的人。算卦人说："历史上的今天，天帝在北方杀死了黑龙。你的脸色黑，不可以到北方去。"墨子不听他的，继续向北，走到淄水边，因为无法渡过淄水就返回了。算卦先生说："我说过先生不可以往北去的。"墨子说："今天淄水以南的人都不能渡河北去，淄水北边的人也都不能渡河南往。他们的脸色有黑有白，为什么都不能渡呢？况且天帝甲乙日在东方杀死了青龙，丙丁日在南方杀死了赤龙，庚辛日在西方杀死了白龙，壬癸日在北方杀死了黑龙。假如用你的说法，那就要禁止天下所有的人往来走动了。这是困蔽人心，让天下变得如同没有人一样，所以你的话不可采用。"

墨子又说："我的言论足够用了。如果舍弃我所说的话而另外去思考，就好比放弃收割而去拾捡别人遗留的谷穗一样。用别人的言论来攻击我的言论，就好比拿鸡蛋来碰石头，投尽了天下的鸡蛋，石头还是老样子，并不能毁坏它。"

以一当十 yǐ yī dāng shí

解释 一人可抵过十人。形容以少胜多时斗志昂扬，有压倒敌人的气概。

出处 《史记·项羽本纪》："及楚击秦，楚战士无不一以当十，楚兵呼声动天，诸侯军无不人人惴恐。"

例句 他干起活来可以以一当十。

秦末天下大乱，英豪群起，项梁等人拥立楚怀王的孙子熊心，仍尊称为楚怀王。项梁战死后，楚怀王喜欢宋义，任命他为上将军，任命项羽为次将军，范增为末将军。在率军救援赵国时，宋义畏懦不前，项羽趁早晨拜见上将军的机会在他的军帐中斩杀了他。然后代理上将军，派遣将领率领两万士兵救援赵国重镇巨鹿。

援军首战不利，于是项羽接受将领再次出兵的请求，率领全部人马渡过漳河，把所有的渡船都沉入水底，把做饭的锅碗等炊具全部砸烂，把帐篷也全部烧毁，每人随身只带三天的口粮，以此表明决一死战、毫不退却的决心。

当时在巨鹿城下援救赵国的诸侯军队有十多路，但是面对强秦没人敢出兵。项羽带领楚军到达巨鹿开始发动进攻后，诸侯的将领都在壁垒上观望。楚军战士斗志昂扬，全都能够一人抵挡十人。楚军杀声震天动地，诸侯军队看得无不心存畏惧。经过多次激战，楚军终于打垮了秦军。从此，项羽威震诸侯，各路诸侯的将领们见了他无不跪在地上用膝盖前行拜见，不敢仰视。

以逸待劳 yǐ yì dài láo

解释 逸：安闲。指作战时采取守势，养精蓄锐，让敌人来攻，然后乘其疲劳，战而胜之。

出处 《孙子·军争》：“以近待远，以佚（逸）待劳，以饱待饥，此治力者也。”

例句 这种时候，敌军虽强，也大大减弱了；兵力疲劳，士气沮丧，许多弱点都暴露出来。红军虽弱，却养精蓄锐，以逸待劳。

《孙子》一书是我国最早最杰出的军事著作，为春秋末期吴国将领孙武所著。孙武本是齐国人，因擅长兵法受到吴王阖庐（即阖闾，公元前 514—前 496 年在位）的接见。阖庐让孙武训练自己的宫女，以试验他的兵法。结果孙武获得了成功，阖庐从此知道他善于用兵，任用他做了自己的将军。在孙武的率领或协助下，吴国向西攻破强大的楚国，占领了它的都城，向北威震齐、晋，扬名诸侯。

《孙子兵法》共十三篇，总结了我国春秋以前的战争经验，提出了一系列带普遍性的战争指导规律，在我国古代军事学术和战争实践上都起过重要的指导作用。在《军争》篇中，孙子说道：“善于用兵的人，会躲避敌人的锐气，而趁其懒惰松懈时发动攻击，这是掌握军队士气的办法。用自己严整的队伍等待敌人的混乱之师，用自己的冷静等待敌人的烦躁，这是掌握将帅心理的办法。用自己少走路等待敌人远道而来，用自己的安逸等待敌人的疲劳，用自己的温饱等待敌人的饥饿，这是掌握部队战斗力的办法。”

义不容辞 yì bù róng cí

解释 辞：推辞。道义上不容推辞。

出处 《三国演义》第五十八回："可差人往鲁子敬处，教急发书到荆州，使玄德同力拒曹。子敬有恩于玄德，其言必从；且玄德既为东吴之婿，亦义不容辞。若玄德来相助，江南可无患矣。"

例句 为社会主义大厦添砖加瓦，为人民做好事，是自己义不容辞的责任。

《三国演义》中讲，曹操的手下陈群建议曹操起兵攻打江南，进而占领荆州和西川，平定天下。曹操认为建议可行，于是起兵三十万，准备进攻孙权。孙权知道后赶紧召集众将领们商议。张昭曰："可以派人到鲁肃那里，让他赶快写信给荆州的刘备，请刘备和我们联合抗曹。鲁肃对刘备有恩，他的话刘备一定会听从。再说刘备又是我们东吴的女婿，道义上也不能推辞。假如刘备来帮忙，咱们东吴就没有什么可以担心的了。"孙权听从了他的建议，马上派人通知鲁肃，让他向刘备求救。刘备接到鲁肃的信后找诸葛亮商议，诸葛亮说："曹操平生所忌惮的是西凉的兵马。现在他杀了西凉太守马腾，而马腾的儿子马超正统领着西凉兵，对曹操非常痛恨。您可以写一封信，结纳马超。假如马超起兵攻曹，曹操又哪里有时间进攻吴国呢?"马超收到刘备的信后，共起二十万大兵向长安进攻，使江南暂时免除了危机。

亦步亦趋 yì bù yì qū

解释 步：步行。趋：小跑。形容事事追随和模仿别人。

出处 《庄子·田子方》："夫子步亦步，夫子趋亦趋，夫子驰亦驰，夫子奔逸绝尘，而回瞠若乎后矣。"

例句 缺乏创造力，亦步亦趋，是不能打开局面的。

《庄子·田子方》记载，有一次，孔子的学生颜渊问孔子："先生您行走我也行走，先生您快跑我也快跑，先生您疾驰我也疾驰，先生您脚不沾地地迅疾飞奔，我却只能干瞪着双眼落在后面。"孔子听不懂，颜渊又说："我说这些意思是，您不说什么却能够取信于大家，不表示亲近却能使情谊传遍周围的人，不居高位、没有权势却能够让人民像流水那样居于身前，而我却不懂得先生为什么能够这样。"

孔子说："人最悲哀的是心灵的僵化死亡，这比躯壳的死亡更厉害。要想不至于'心死'，就得让自己像太阳每天从东方升起，往西方落下一样，每时每刻都不停地变化。命运的安排不可能预先窥测，所以我只是每天随着情况的变化而变化罢了。我跟你这样亲密无间，你却不能真正了解我，这真是我的悲哀。"

异曲同工 yì qǔ tóng gōng

解释 曲调不同，却同样美妙。比喻不同时代、不同人的文章、言论一样精彩。或不同的方法产生同样的效果。

出处 唐·韩愈《进学解》："子云、相如，同工异曲。"

例句 与陶然亭不同，但造园方法有异曲同工的紫竹园，一改北方不能种竹的旧俗，渐渐形成以竹为特色的园林风格。

韩愈是唐代著名诗人、文学家。《进学解》中提到的子云即扬雄，相如即司马相如，都是西汉著名的文学家。韩愈在元和七八年间担任国子博士时，写了这篇《进学解》，假托向学生训话，勉励他们在学业、德行方面取得进步。文章先写学生提出质问，他再进行解释，故名"进学解"，借以抒发自己怀才不遇、仕途不顺的牢骚。

文章写道：国子先生早上召集学生教导他们说："学业的精进由于勤奋，而荒废由于游荡玩乐；德行的成就由于思考，而败坏是由于因循随便。各位只用担心学业不能精进，不要担心主管部门看不清；只担心德行不能成就，不要担心主管部门官吏不公正。"话还没有说完，有人就笑道："先生在欺骗我们吧？我们这些学生侍奉您，到现在已经好几年了。您夜以继日，刻苦用功，一年到头不休息，从事学业可以说勤奋了。您对于儒家，可以说是大有功劳了。您的心神沉浸在书籍里，仔细品尝咀嚼其中的精英华彩，写起文章来，书卷堆满了家屋。向上取法虞、夏时代的典章；往下一直到《庄子》《离骚》、太史公的记录；扬雄、司马相如的创作，同样巧妙而曲调各异。您的文章可以说是内容宏大而外表气势奔放，波澜壮阔。您的做人，可以说是很有成就了。可是您在公的方面不能被人们信任，在私的方面得不到朋友的帮助。前进退后，都发生困难，动一动便惹祸获罪。您不想想自己这些，怎么反而来教训别人呢？"

因地制宜 yīn dì zhì yí

解释 根据不同地区的实际情况，制订恰当的措施。

出处 东汉·赵晔《吴越春秋·阖闾内传》：“夫筑城郭，立仓库，因地制宜，岂有天气之数以威邻国者乎？”

例句 要继续面向亿万农民，特别是贫困地区、少数民族地区的农民，传播和普及先进适用技术，因地制宜、扎实有效地开展农村科普工作。

阖闾是春秋时期吴国国君，春秋五霸之一。阖闾元年，他准备选用贤能之士，推行恩惠的德政，用仁义立国，使自己扬名于诸侯。一开始，他担心诸侯们不相信，百姓们不归附，就提拔从楚国逃亡来的伍子胥担任行人（官职名，掌管朝觐聘问等事务）。用对待客人的礼节招待他，并同他一起商议国家政事。

阖闾对伍子胥说：“我想增强国力、称霸诸侯，怎么才能做到呢？我们国家地处偏远，只占有东南之地，地形险阻、气候潮湿，又有江海泛滥的灾害。国君没有可以防御的屏障，百姓没有可以依傍的东西。仓库没有设立，田地没有开垦，您说该怎么办呢？”伍子胥考虑了很久才回答说：“我听说治国之道，以安定国君、理顺百姓为上。”阖闾说：“那安君理民的方法是怎样的？”伍子胥回答说：“凡是打算安定国君、治理百姓、称霸诸侯、从近制远者，一定要先建筑城郭，设立守备，充实仓库粮草，修治武器装备。”阖闾称赞说：“您说得很好。不过建筑城郭、设立仓库，应该根据不同地区的具体情况，制订适宜的措施，哪里有利用天数来威震邻国的呢？”阖闾随后委任伍子胥全面负责这些事务，为日后伐楚打下了基础。

因噎废食 yīn yē fèi shí

解释 噎：咽喉梗塞，噎住。因为吃饭噎住过，就不再吃饭。后用来比喻受过挫折后，连该做的事情也不去做了。

出处 《吕氏春秋·荡兵》："夫有以饐（同"噎"）死者，欲禁天下之食，悖。"

例句 改革完全是一件新的事情，难免会犯错误，但我们不能怕，不能因噎废食，不能停步不前。

《吕氏春秋·荡兵》中讲，古代圣王只有兴举义兵者，而无息兵罢战者，并对此进行了论证。其中一条讲：有因为吃饭噎死了人，就打算禁食天下的食物，这是不明智的。有因为乘舟坐船淹死了人，就打算禁毁天下所有的船只，这也是不明智的。有因为用兵失败而丧失了自己的国土，就打算禁息天下所有的兵事，这同样是不明智的。兵事、军队不可废止不用，就像水火不可被废止不用一样。对于水火，如果善于运用就会造福，不善于运用就会带来灾祸。就像用药治病的人一样，找到的是好药就能救人，找到的是坏药就会杀人。守卫道义的军队就是天下好药中最好的一种，所以不能被废止不用。

一个家庭，如果没有发怒和鞭笞，那么小孩、婴儿马上会随时随地犯错误。一个国家，如果没有刑法和惩罚，那么百姓马上就会忤逆不道、相互欺凌。如果天下没有诛杀和攻伐，那么诸侯们马上就会相互施暴、互相攻打。所以家庭里不能废止发怒和鞭笞，国家不可废止刑法和惩罚，天下不可废止诛杀和攻伐。正因为这样，所以圣王只能兴举义兵，而不能废止军队兵事、息兵罢战。

饮鸩止渴 yǐn zhèn zhǐ kě

解释 鸩：传说中的一种毒鸟。喝用鸩鸟的羽毛泡的毒酒来解渴。比喻只图解决目前的困难，不顾后患。

出处 《后汉书·霍谞传》：“譬犹疗饥于附子，止渴于鸩毒，未入肠胃，已绝咽喉。”

例句 他明知借高利贷还债是饮鸩止渴，可眼下也不得不这样做了。

霍谞是东汉时期魏郡人，年纪轻轻就显示出才气，被推举为明经。不久，有人在大将军梁商面前诬告霍谞的舅舅宋光，说他胡乱改变法律条文，宋光因此被囚禁在洛阳的监狱中，遭到严刑拷打。霍谞当时年仅十五岁，便上疏给梁商说：“宋光是官宦子弟，遵规守矩，没有非分之想。他在州郡中地位最高，每日都盼望着被朝廷征召，并没有丝毫瑕疵缺点，他怎么会无故删改诏书呢？即使他对诏书中的条目有所疑问，也会寻找一种安全便利的办法，怎会去冒这种杀头的危险呢？私自删改诏书条目，就像用附子充饥，用毒酒止渴。还没有进入肠胃，才到咽喉就已经绝命，他怎么会这样做呢？希望将军留意、明察，则宋光幸甚、天下幸甚。梁商看了奏疏，认为霍谞才志很高，当即为他上奏赦免了宋光的罪过，霍谞也因此名扬天下。

游刃有余 yóu rèn yǒu yú

解释 薄薄的刀刃在骨节间的空隙游走运行时大有余地。比喻观察事物透彻，技艺精熟，运用自如。

出处 《庄子·养生主》："彼节者有间，而刀刃者无厚。以无厚入有间，恢恢乎其于游刃必有余地矣。"

例句 长期的业务学习和知识积累，使他遇到问题心中有数，处理纠纷游刃有余。

厨师庖丁给文惠君杀牛，分剖牛时手所接触的地方，肩所靠着的地方，脚所踩踏的地方，膝所抵住的地方，都发出爽利的声音。这些声音以及快速进刀时发出的刷刷的声音，无不像美妙的音乐。

文惠君问他，怎么练就了如此高超的技术？庖丁回答说："我喜欢探求事物的规律。我刚开始学习分解牛体时，所看到的无不是整头牛。三年之后，就不曾再看见整体的牛了。现在，我只用心神去接触而不用眼睛去观看，眼睛似乎停了下来而心神仍在不停地运行。我依照牛体自然的生理结构，劈击肌肉骨骼间大的缝隙，把刀导向骨节间的空隙，顺着牛体的天然结构去解剖，从不曾碰撞过经脉纠结的部位以及骨肉紧连的地方，何况那些大骨头呢。优秀的厨师一年换一把刀，因为他们割肉时割钝了刀；普通的厨师一月就要换一把刀，因为他们砍骨头时砍折了刀。如今我这把刀已经用了十九年，宰杀过上千头牛，但刀刃利得像刚在磨刀石上磨过的一样。牛的骨节乃至各个组合部位之间是有空隙的，而刀刃几乎没有什么厚度，用薄薄的刀刃插入那些空隙，对于刀刃的游走运行来说宽绰有余，所以我的刀用了十九年还像刚在磨刀石上磨过一样。"文惠君听完庖丁的话，赞叹地说："我听了这一番话，从中得到了养生的道理。"

有恃无恐 yǒu shì wú kǒng

解释 恃：倚仗，依靠。指有了依仗就无所畏惧或顾忌。

出处 《左传·僖公二十六年》：“齐侯曰：‘室如县罄，野无青草，何恃而不恐？’对曰：‘恃先王之命。’”

例句 他仗着父亲是当官的，便有恃无恐，胡作非为。

春秋时代，公元前634年夏天，鲁国遭受了严重的灾荒，齐孝公趁机攻打鲁国。鲁僖公派大夫展喜带着牛羊、酒食前去，以犒劳为名劝阻他们的进犯。展喜日夜兼程，在齐军还没有进入鲁国国境时迎住了齐军。展喜说：“我们国君听说大王亲自光临我国，特地派我前来慰劳您的左右侍从。”齐孝公说：“你们鲁国人感到害怕了吗？”展喜说：“我害怕了，但君子们不害怕。”齐孝公又说：“你们鲁国国库空虚，房子里空空荡荡，就像悬挂着的罄，地里一片荒凉，没有庄稼，连青草也看不到，凭什么不害怕呢？”展喜回答道：“我们依仗的是周王的遗命。当初周公、姜太公辅佐周室和成王，成王慰劳他们，赐给他们盟约，说：‘以后代代子孙，不要相互侵害。’这项盟约现在还在。早年你们先君齐桓公还曾因此会盟诸侯，共同商讨消除诸侯间的不和，弥补他们的过失，救助他们的灾难。这一切都是为了发扬光大过去的职责。直到君王您即位，各国诸侯都期盼地说：‘他会继续桓公的功业吧？’我们国家因此不敢修筑城堡，聚集民众。我国的人民都说：‘难道他即位九年就会背弃先王的遗命，废弃职责？那样他怎么对得起他的先君桓公呢？他一定不会那样的。’我们靠的就是这个，所以不怕。”齐孝公一听，感到非常惭愧，就打消了进攻的念头，撤兵回国。

有眼不识泰山 yǒu yǎn bù shí tài shān

解释 比喻见闻浅陋，认不出地位高或本领大的人。常用作向对方赔礼道歉，自责礼貌不周或多有冒犯的客套话。

出处 《水浒传》第二回："太公起身劝了一杯酒，说道：'师父如此高强，必是个教头，小儿有眼不识泰山。'"

例句 小熊看见衣着光鲜的人就点头哈腰，看见衣着普通的人就爱理不理。一天，祖师爷驾到，却因为穿得不好，被他拒之门外，他真是有眼不识泰山。

《水浒传》第二回讲，北宋哲宗时，高俅凭借自己球踢得好，结识了端王。哲宗死后，端王继位为皇帝，即宋徽宗。随后，高俅即被徽宗重用为殿帅府太尉，执掌起朝廷大权。王进当时正担任京城八十万禁军枪棒教头，但他父亲以前得罪过浪迹街头时的无赖高俅。高俅掌权以后，马上开始报复王进。王进一看情况不妙，设计骗开两个监守的人，带着老母亲连夜逃走，准备投奔延安府老种经略相公。

逃离东京一月有余，一天，眼看离延安不远了，母子两个一高兴，错过了住宿的地方，于是借宿到了九纹龙史进的家里。由于当晚母亲心痛病发作，王进只好暂时住了下来。有一天，史进正在练武，王进看到后禁不住说："这棒练得还不错，只是还不算真功夫，赢不了真好汉。"史进不服，坚决要和王进比个高下，却被王进一棒打翻。史进马上跪地拜师，史进的父亲史太公也马上备办酒席，礼请王进母子。席间，史太公起身劝酒，说："师父本领如此高强，一定是个教头，儿子史进年纪小见识浅，不知道您本领出众。"

后来王进为感谢史太公、史进父子对自己和母亲的照顾，就在史家庄呆了半年，将自己的平生绝学传授给了史进。史进后来入伙梁山泊，成为一百单八条好汉之一。

有志者事竟成 yǒu zhì zhě shì jìng chéng

解释 竟：终于。指只要有志气，事情终究会成功。

出处 《后汉书·耿弇传》："将军前在南阳建此大策，常以为落落难合，有志者事竟成也！"

耿弇（yǎn）是东汉名将，文武双全，跟随刘秀起兵，后来官至建威大将军。有一次，刘秀派耿弇攻打割据齐地的张步。耿弇审时度势，根据实际情况决定先打易攻的大城临淄，而非坚固的小城。果然，只用了半天时间就攻下了临淄，小城的守军也惊慌而逃。

随后，张步亲率二十万大军进行反攻，战斗异常激烈，耿弇大腿中箭，他用佩刀将箭杆截断，然后继续战斗。耿弇的部将陈俊建议暂时坚守不出，等待皇帝的援军。耿弇说："皇上的车马即将到来，我们做臣子的理当杀牛设酒来款待百官，难道反而要把贼寇留给皇帝去收拾吗？"于是又率兵出战，从早晨一直血战到黄昏，大败张步，杀伤敌人无数，尸首把城中的沟壑都填满了。耿弇预计到了张步战败后退兵的计划，就先埋伏下两路人马，到夜深人静的时候，张步果然来了，于是伏兵突然出击，将张步打得丢盔弃甲，溃不成军，狼狈而逃。

几天后，刘秀到达临淄，他亲自犒劳军队，对耿弇说："以前韩信攻破下历城而开创了大业，而今将军攻克了祝阿而立功扬名，这两个地方都在齐地的西部，你们的功劳也足以相提并论。韩信袭击的是已经投降了的人，将军却是独立攻克强大的敌人，所以这次立功又比韩信立功更难。将军你以前给我提出过平定天下的大计，我却以为计划不周密难以完成，现在看来，真是有志气的人事情终究会成功啊。"耿弇随后又发动猛攻，同时又注意分化瓦解，招降纳叛，最终张步投降，齐地完全得到了平定。

余音绕梁 yú yīn rào liáng

解释 梁：房梁。形容歌声美妙动听，韵味深长。也可用来比喻诗意味深长，耐人寻味。

出处 《列子·汤问》："昔韩娥东之齐，匮粮，过雍门，鬻歌假食，既去，而余音绕梁欐，三日不绝。"

例句 他的演唱，真是让人觉得余音绕梁，意犹未尽啊！

战国时期，薛谭在秦青那里学习唱歌，还没有把秦青的技艺学完，薛谭就自认为已经学得不错了，打算辞别而归。秦青并没有挽留他，而是为他在郊外饯行。饯行时，秦青拍击着乐器，唱出了悲哀的歌曲，歌声振动了树木，阻止了流动的白云。薛谭一听，知道自己差得还太远，便请求回去继续学习。

秦青说："从前，韩娥向东去齐国，没有粮食吃了，经过雍门的时候，便卖唱求食。韩娥离开后，她的歌声仍然萦绕着房梁，三天都没有断绝，旁边的人还以为唱歌的人并没有离开。韩娥经过旅店，旅店的人欺负她。韩娥感到很痛苦，便放声哀哭，她的哭歌让乡里的老老少少都感到悲痛，留着眼泪相向而站，以至于三天都不进饮食。韩娥离开后，乡里的老少急忙去把她追回来，她又长声欢歌，使得大家都踊跃舞蹈，忘记了以前的哀愁。然后，人们赠送给她食物，送她上路。至今雍门附近的人们善于唱歌，善于哀哭，就是模仿韩娥的缘故。"薛谭听后，再也不说回家的话了。

与人为善 yǔ rén wéi shàn

解释 与人：和别人一起。为善：做好事。本指同别人一起做好事。现在多用来指善意地帮助别人。

出处 《孟子·公孙丑上》："取诸人以为善，是与人为善者也。"

例句 老王总是与人为善，所以同事们都非常喜欢他。

孟子教导自己的学生说："孔子的学生子路，如果别人指出他的错误，他会非常高兴。大禹也是一样，如果听到对他有益的话，他就会拜谢人家。古代伟大的帝王舜更是了不起，他做好事时，不分是为自己还是为别人。他摈弃自己的缺点，学习别人的长处，乐于从别人那里吸取优点来做有益的事。从他最早时耕田、种地、制陶、打鱼直到最后成为帝王，没有哪个时候不向别人学习。吸取别人的优点来做有益的事，就是和别人一起做有益的事。所以君子最高的德行，就是和别人一道做有益的事。"

约定俗成 yuē dìng sú chéng

解释 指某种名称或习惯，因广大群众长期习用，为社会所公认而固定下来。

出处 《荀子·正名》：“名无固宜，约之以命，约定俗成谓之宜，异于约则谓之不宜。”

例句 任何民族的文字，都和语言一样，是劳动人民在劳动生活中，从无到有，从少到多，从多头尝试到约定俗成，所逐步孕育、选练、发展出来的。

荀子是战国时期著名思想家、教育家，韩非子、李斯皆其学生。他以儒家学说为基础，批判地吸收各家之长，撰成《荀子》一书，表达了自己在哲学、逻辑、政治、道德等方面的独特见解。在自然观方面，他反对信仰天命鬼神，肯定自然规律是不以人的意志为转移的，并提出人定胜天的思想；在人性问题上，他提出“性恶论”，否认天赋的道德观念，强调后天环境和教育对人的影响；在政治思想上，他坚持儒家的礼治原则，同时重视人的物质需求，主张发展经济和礼治、法治相结合；在认识论上，他承认人的思维能反映现实，但有轻视感官作用的倾向。

在《荀子·正名》篇中，荀子探讨了确定事物名称的原则。他认为，事物的名称本有好多种叫法，至于哪种最合适，本身并没有什么道理。事物是通过约定的方式为之命名的，大家都承认的，就是合适的。不同于大家的约定，不为大家所承认的，就是不合适的。

约法三章 yuē fǎ sān zhāng

解释 约：商议。法：订立法令。指订立简明的条款，以资遵守。

出处 《史记·高祖本纪》：“与父老约，法三章耳：杀人者死，伤人及盗抵罪。”

例句 在事情开始之前，我们不妨先约法三章。

汉高祖元年（公元前 206 年），汉高祖刘邦势如破竹，一路杀进武关（今陕西丹凤东南），又在蓝田打败秦军，驻军霸上（今西安市东）。十月，秦王子婴投降。刘邦将子婴交给官吏，自己继续向西占领秦都咸阳。接着听从张良的建议，封好秦宫财宝，回军霸上。

随后，刘邦召集各县的父老豪杰说：“父老们苦于秦朝严酷的法律已经很久了，那时批评朝政的要灭族，相聚议论的要处死。我和诸侯们订立盟约，先入关的人在关中称王，按理我应该在关中称王。现在我和父老们约定，只订立三条法令：杀人的要处死，伤人以及偷盗的要依其轻重抵罪。秦朝的法律全部废除，其他官吏和百姓一切照常。我到这里，是为父老们除害的，而不是侵凌虐待你们的。”于是派人和原有的官吏一起去巡行郡县、乡邑，向百姓们讲清楚相关规定。百姓非常高兴，争相带着牛羊、美酒来慰劳战士。刘邦的这一举动，为日后争取民心、战胜项羽，打下了基础。

运筹帷幄 yùn chóu wéi wò

解释 筹：筹码，谋划的工具。帷幄：室内悬挂的帐幕。指在营帐中拟订作战方案。

出处 《汉书·高帝纪下》：“夫运筹帷幄之中，决胜千里之外，吾不如子房（张良）。”

例句 他穿着鲜明的深红色甲胄，秉节杖钺，是运筹帷幄的上将风度。

刘邦打败项羽，取得天下后，有一天在洛阳南宫宴请群臣。席间他问大家：“我之所以能取得天下的原因是什么？项羽之所以失去天下的原因是什么？请大家畅所欲言。”高起、王陵对答说：“陛下能赏赐有功的将士，而项羽嫉妒贤能，有功的不记功、不赏赐，所以陛下取胜而项羽失败。”刘邦哈哈大笑，说：“你们只知其一，不知其二。在后方决定作战策略，使前方在决战中取胜，我不如张良；安定国家，安抚百姓，供给粮饷，我不如萧何；统领大军，战必胜、攻必克，我不如韩信。他们三人都是人中的俊杰，却为我所用，这是我所以取得天下的原因。项羽有一个谋士范增，但又不被任用，这是他最终失败的原因。”群臣听后心悦诚服。

再接再厉 zài jiē zài lì

解释 本作“再接再砺”。接：交战。砺：磨砺。公鸡相斗，每次都要先把嘴磨利。比喻继续努力，坚持不懈。今写作“再接再厉”。

出处 唐·韩愈、孟郊《斗鸡联句》：“一喷一醒然，再接再砺乃。”

孟郊和韩愈都是唐代的著名诗人，孟郊比韩愈年长18岁。韩愈刚刚步入诗坛时，孟郊已基本形成了自己独特的诗风，韩愈曾受到过他的影响；后来，当韩愈的诗风完全成熟后，他独创的体式和达到的成就得到了大家的公认，孟郊又转而受到韩愈的影响。韩愈、孟郊以及与他们诗风相近的诗人们酬唱切磋，相互奖掖，在审美意识上形成了共同的趋向，在艺术上形成了共同的追求，后世把他们称为“韩孟诗派”。

韩愈性格木讷刚直，是非观念极强。一方面使他在一次次的政治旋涡中屡受打击，另一方面也导致其审美情趣呈现出怨愤郁躁、情激调变的怪奇特征。贞元十九年（公元803年），韩愈上疏劝谏惹怒皇帝，被贬为阳山县令。阳山之贬这一巨大的政治压力极大地加剧了韩愈的心理冲突，另一方面也让他领略到了南方荒僻险怪的景观。二者交相作用，造成了韩愈诗风的大变。元和元年（公元806年）之后，已经离开贬所回到京城的韩愈更倾心于营造怪奇的诗境，他与孟郊等人一起创作了不少联句诗，这些诗作以竞赛为主要目的，各自逞奇炫怪，夸示才学，其中有一首《斗鸡联句》描写了斗鸡的情景。在这首诗中，韩愈写观看斗鸡的人：“大家争相观看，就像乌云填满道路；大家呐喊助阵，就像大海掀起狂涛（争观云填道，助叫波翻海）。”孟郊接着写两鸡相斗的情景：“斗得头晕眼花，一口凉水喷醒，再磨钢牙铁嘴，重新披挂上阵（一喷一醒然，再接再砺乃）。”

张冠李戴 zhāng guān lǐ dài

解释 冠：帽子。把姓张之人的帽子戴到姓李之人的头上。比喻认错了对象或弄错了事实。

出处 明·钱希言《戏瑕》卷三：“张公帽儿李公戴。”

例句 他把李白的《将进酒》说成是苏轼写的，真是张冠李戴。

明代文人钱希言在其著述《戏瑕》卷三“张公吃酒李公醉”条下记载了这条成语的来源和演变。唐代武则天时，民间有“张公吃酒李公醉”的歌谣。张公即张易之、张昌宗兄弟，他们是武则天的宠臣，专权跋扈，朝廷百官无不害怕，甚至武则天的侄子也都争相巴结他们。武则天晚年，朝政也多由他们兄弟专擅。李公即后来的唐中宗李显。张氏兄弟深得恩宠，花天酒地，李显当时作为太子只能装糊涂，才能保全自己的地位。所以老百姓就用此歌谣讽刺张氏兄弟受宠而李显装糊涂的荒唐现实。到宋代由此又演变出了“张公帽儿李公戴”以及“张三有钱不会使，李四会使却无钱”等谚语，表示弄错了对象或事实。

朝三暮四 zhāo sān mù sì

解释 本指只变名目，不变实质来欺骗人。现多用以比喻变化多端或反复无常。

出处 《庄子·齐物论》："狙（jū，猕猴）公赋芧（xù，橡实），曰：'朝三而暮四。'众狙皆怒。曰：'然则朝四而暮三。'众狙皆悦。"

例句 她这人总是朝三暮四，没有人喜欢她。

庄子认为世界万物包括人的品性和感情，看起来千差万别，归根结底却又是齐一的，这就是"齐物"，并举了"朝三暮四"的例子来说明。这个例子说，养猴人给猴子分配橡果，说："每位早上三颗晚上四颗。"所有的猴子都很气愤。养猴人又说："既然这样，那么就早上四颗晚上三颗。"于是所有的猴子都非常高兴。这个例子中，名义和实际都没有变化，但猴子的喜怒却不同，这就是所谓的看似不同，实际齐一的"道"。

纸上谈兵 zhǐ shàng tán bīng

解释 兵：兵法、兵事。本指战国时赵括只知道空谈兵法，不知实际运用。后用来比喻空谈理论、不切实际，不能解决实际问题。

出处 《史记·廉颇蔺相如列传》："赵王因以括为将，代廉颇。蔺相如曰：'王以名使括，若胶柱而鼓瑟耳。括徒能读其父书传，不知合变也。'……赵括自少时学兵法，言兵事，以天下莫能当。尝与其父奢言兵事，奢不能难，然不谓善。"

例句 即使确定了一项出色的任务内容，如果未能执行的话，也只是纸上谈兵。

赵括是战国时赵国名将赵奢的儿子，从小就学习兵法，谈起用兵打仗的事，认为天下没有人能及得上自己。赵括曾经和他父亲赵奢谈论用兵，赵奢都说不过他，但是赵奢并不认为他真的能行。赵括的母亲问其缘故，赵奢回答说："战争是生死存亡的大事，但赵括说得太轻松容易了。假如让他当将领，赵国一定大败。"

赵惠文王去世后，他的儿子孝成王继位。孝成王七年，秦军和赵军在长平对峙，展开了关系两国命运的决战。赵军数次战败后，老将廉颇采取坚守不战的策略，秦军无计可施，于是派人去赵国散布谣言，说秦国只怕赵括担任将军。赵孝成王信以为真，让赵括代替廉颇为将。蔺相如说："大王凭借名声使用赵括，就像用胶粘住瑟上的弦柱再来弹奏瑟一样，固执拘泥，不知变通。赵括只会读他父亲留下来的兵书，不懂得随机应变。"赵王不听，仍然任命赵括为将。

赵括代替廉颇后，撤换军官，改变原来的号令纪律和对策。秦将白起佯装败退，出奇制胜地截断赵军的粮道，把赵军分割为两部分。赵括亲自带领精锐部队和秦军交战，被秦军射死，赵军大败。剩下的几十万赵军投降后被秦军全部活埋。此后几年之内赵国都处于亡国的危险边缘。

指鹿为马 zhǐ lù wéi mǎ

解释 指着鹿说它是马。比喻有意颠倒黑白，混淆是非。

出处 《史记·秦始皇本纪》："赵高欲为乱，恐群臣不听，乃先设验，持鹿献于二世，曰：'马也。'二世笑曰：'丞相误耶？谓鹿为马。'问左右，左右或默，或言马以阿顺赵高。或言鹿，高因阴中诸言鹿者以法。后群臣皆畏高。"

例句 在法庭上，当证人提供假证词时，被告愤怒地说："这是颠倒黑白，指鹿为马！"

秦始皇在巡游途中病死后，随行的赵高用计害死了秦始皇的长子扶苏，拥立秦始皇的次子胡亥继位，即为秦二世。秦二世受赵高蒙蔽，更加荒淫暴虐，同时也渐渐被赵高架空。后来，赵高又害死李斯，自己当上了丞相，事无大小，都完全由他决断，渐渐也不把皇帝秦二世放在眼中了。为了试探自己的权威，赵高先进行了试验。他献给秦二世一头鹿，说："这是一匹马。"秦二世笑着说："丞相恐怕弄错了吧？把鹿说成马。"秦二世和赵高当即又问左右大臣，大臣们有的默不作声，有的说是马，以阿谀奉承赵高。也有的人实事求是地说它就是鹿，赵高就暗地里将说鹿的人治罪。从此以后大臣们都非常害怕赵高，朝中上下莫不噤声，都看赵高的眼色行事，最终加速了秦王朝的覆灭。

指桑骂槐 zhǐ sāng mà huái

解释 指着桑树骂槐树，比喻明指此而暗骂彼。

出处 《红楼梦》第五十九回："那是我们编的，你老别指桑骂槐。"《三十六计·并战计》第二十六计："指桑骂槐：大凌小者，警以诱之。刚中而应，行险而顺。"

例句 他老在小区内指桑骂槐，寻衅闹事，已经引起人们的反感。

《红楼梦》第五十九回里写道：春燕的母亲和姨妈管理大观园里的柳堤。莺儿、蕊官、藕官正在柳堤上编柳条，春燕路过这里，和她们聊起天来。春燕的姨妈和母亲见到大家摘花折柳，非常生气，但又不敢得罪各位姑娘，于是打骂春燕。莺儿于是急忙说："那些东西是我们编的，你老别指桑骂槐。"

"三十六计"是我国古代三十六种优秀的兵法策略，它的思想雏形可追溯到南北朝时期。比如《南齐书·王敬则传》说："檀公三十六策，走为上计，汝父子唯应走耳。"由这句话后来演变出了"三十六计，走为上计"。明末清初时有人（已不可考）在此基础上撰成了《三十六计》一书，成为广泛流传的优秀文化遗产。三十六计共分六套，即胜战计、敌战计、攻战计、混战计、并战计、败战计；前三套是处于优势时所用之计；后三套是处于劣势时所用之计；每套中又各包含六个小计，总共三十六计。"指桑骂槐"作为并战计之二，其要诀在于："强大者控制弱小者，要用警示诱导的办法。刚健的居中者若能得到在下者的呼应，即使履行危险的事情也能够一帆风顺。"

众口铄金 zhòng kǒu shuò jīn

解释 铄：熔化。众人的言论能够熔化金属。比喻舆论影响的强大。也比喻众口同声可混淆视听。

出处 《国语·周语下》：“故谚曰：‘众心成城，众口铄金。’三年之中而害金再兴焉，惧一之废也。”

例句 人言可畏，众口铄金。

周景王打算铸造一个大钟来演奏音乐，单穆公认为以前铸造大钱已经消耗尽了民众的资财，现在又要造大钟，很不妥当。周景王不听劝阻，就又去问乐官伶州鸠，伶州鸠也认为耗费过度铸造大钟，会妨碍音乐的和谐，所以不应当铸造。

周景王不听劝谏，终于造出了大钟。大钟铸成后，乐工报告说乐音和谐。景王问伶州鸠：“钟声不还是很和谐吗？”伶州鸠答道：“陛下不明白其中的缘故。”周景王问：“为什么呢？”伶州鸠说：“君王制作乐器，百姓非常高兴，这才是和谐。现在花费了民众的财物，百姓疲惫，无不怨恨，我不认为这是和谐。百姓都喜爱的事情，很少有不成功的；百姓都厌恶的事情，很少有不失败的。所以谚语说：‘万众一心就如城堡，众口一词能熔化金属。’您三年里做了两件耗费钱财的大事，恐怕至少有一件是要失败的。”周景王很不高兴，说：“你老糊涂了，懂得什么？”一年后，周景王去世，大钟演奏的声音也变得很不和谐了。

众叛亲离 zhòng pàn qīn lí

解释 众人反对，亲信背离。形容处境十分孤立。

出处 《左传·隐公四年》：“阻兵无众，安忍无亲，众叛亲离，难以济矣。”

例句 失道者必然众叛亲离。

春秋时期，卫国国君卫庄公很喜爱小儿子州吁，因为州吁是自己非常宠爱的小妾生的。卫庄公对州吁的错误一味纵容而不加制止。庄公死后，州吁同父异母的哥哥继承了王位，即为卫桓公。后来州吁杀掉卫桓公，篡夺了王位。

鲁国国君听说了这事，就问大臣众仲：“州吁能成功吗？”众仲回答说：“只听说用德行安定百姓，没听说用祸乱安定百姓的。用祸乱，就如同要理出乱丝的头绪，反而会弄得更加纷乱。州吁这个人，依仗武力而安于残忍。依仗武力就没有大众，安于残忍就没有亲信。大家背叛，亲信离开，就难以成功了。军事就像火一样，不去制止就会焚烧自己。州吁杀了他的国君，又暴虐地驱使百姓，不致力于建立德政，反而想通过祸乱来取得成功，就一定不能免于祸患。”

后来卫国大臣石碏设计将州吁骗到陈国，说服陈国国君将其抓住，交由卫国处理。卫国派去大臣，将州吁杀死在了陈国。

自暴自弃 zì bào zì qì

解释 暴：糟蹋、损害。弃：唾弃、嫌弃。自甘堕落，不求进取。

出处 《孟子·离娄上》："自暴者，不可与有言也；自弃者，不可与有为也。言非礼义，谓之自暴也；吾身不能居仁由义，谓之自弃也。"

例句 你不能因为受了这一处分，就自暴自弃、不求上进啊！

孟子是战国时期著名思想家，名轲，字子舆。《孟子》一书是由孟子及其弟子共同编写而成的有关孟子的言论汇编，是儒家重要的经典。孟子师承孔子之孙孔伋，继承并发扬了孔子的思想，是儒家中地位仅次于孔子的一代宗师，被后世称为"亚圣"，与孔子并称为"孔孟"。

孟子曾经说："糟蹋自己，自己损害自己的人，不能和他谈论什么；自甘落后，不求上进的人，不能和他一起做什么。言谈不合礼仪，我们可以认为这就是自暴，自身不能依据仁、遵循义来行事就叫做自弃。仁是人们安居的住宅，义是人们正当的大道。空出安居的住宅不住，舍弃正当的大道不走，真是可悲啊！"

孟子把人类的道德规范概括为四种，即仁、义、礼、智；同时把人伦关系概括为五种，即"父子有亲，君臣有义，夫妇有别，长幼有序，朋友有信"。孟子认为，仁、义、礼、智四者之中，仁、义最为重要。仁、义的基础是孝、悌，而孝、悌是处理父与子、兄与弟这类血缘关系的基础。他认为如果每个社会成员都用仁义来处理人与人之间的各种关系，封建秩序的稳定和天下的统一才会有比较可靠的保证。

自惭形秽 zì cán xíng huì

解释 自惭：自己感到惭愧。形秽：形态鄙俗、丑陋。原指因容貌举止不如别人而惭愧。泛指因不如别人而感到惭愧。

出处 南朝宋·刘义庆《世说新语·容止》：“骠骑王武子，是卫玠之舅，俊爽有风姿，见玠辄叹曰：‘珠玉在侧，觉我形秽。’”

例句 这种车，巴黎只有夜间才看得见；白天，它们好像自惭形秽，不出来。

卫玠字叔宝，西晋人，是继何晏、王弼之后著名的清谈名士和玄理学家。卫玠长得非常漂亮，从小神态即异于常人。有一次，卫玠乘羊车到街市上去，人们都以为他是玉人。骠骑将军王济，是卫玠的舅舅，英俊豪爽，也长得一表人才，非常有风度。但是他每次见到卫玠，就叹息说：“珠宝美玉在身旁，就觉得自己形貌丑陋。”王济又曾经对别人说：“和卫玠一同出游，就像发光的宝珠在旁边，光彩照人。”卫玠长大后，爱好玄学、喜谈玄理，但因为体弱多病，母亲不让他多说话。遇到好日子，亲友有时请他说几句。即使仅讲几句，也没有不得到大家赞叹的，因为大家认为他讲出了精微之处。当时王澄、王玄、王济都负有盛名，但是世人说：“王家三子，不如卫家一儿。”卫玠的岳父乐广在当时也很有名，有人也评论他们说：“岳父像冰一样清莹，女婿像玉一样洁润。”

后来因为天下大乱，卫玠搬家到了南京。那里的人听说卫玠长得非常好看，就都来看他，以至于看他的人挤成了人墙，卫玠因此劳累而死，当时年仅二十七岁。当时人们都说：“卫玠是被看死的。”

走马观花 zǒu mǎ guān huā

解释 本用以形容科举中第后得意、愉快的心情。现多用以比喻匆忙、粗浅地了解事物。

出处 唐·孟郊《登科后》："昔日龌龊不足夸，今朝放荡思无涯。春风得意马蹄疾，一日看尽长安花。"

例句 我们到达曼谷之后，又北飞清莱、清迈，南渡普吉、攀牙，驱车东行到帕塔亚，虽然行色匆匆，走马观花，但南亚风光，尽收眼底。

科举考试是中国古代选拔人才的重要方式，从隋至清末延续了一千三百多年。在这一千三百多年中，考中进士的人数并不算多，甚至不足十万。读书人往往把考中进士作为读书的目标，因为如果考中进士，就有了跻身仕途、一展抱负的可能。而且，科考的金榜公布后，朝廷要组织唱名赐第、设宴庆贺、刻碑题名等一系列盛大的活动，让考中者在这些活动中感到无比的荣耀，成为众人羡慕的对象。

孟郊是唐代著名诗人，早年贫困，屡试不第，四十六岁才考中进士，当时喜悦的心情可想而知。他在《登科后》诗中写道："往日的窘迫局促不必再提，看今日天高地远浮想联翩。骑着骏马在春风中奋蹄疾驰，一天之中看尽了长安繁华的美景。"这首诗栩栩如生地写出了孟郊登科后的喜悦和对前程的憧憬，成为千古传诵的名篇。